Rajan Autze
Treibgut des Krieges

Rajan Autze

Treibgut des Krieges
Flüchtlinge und Vertriebene in Berlin 1945

QUADRIGA

Inhalt

Einleitung

Erst mal nach Berlin — 7

Obdach auf Zeit — 49

Unterwegs in Berlin — 89

Und wie ging es weiter? — 121

Literatur und Quellenverzeichnis — 155

Bildnachweis — 157

Einleitung

Knapp eine Million Flüchtlinge und Vertriebene erreichten 1945 Berlin. Keiner von ihnen kam ohne seelische Verletzungen oder körperliche Beschwerden, keiner konnte die Erlebnisse der letzten Wochen und Monate an der Stadtgrenze abstreifen. Der Aufenthalt der Flüchtlinge in der formal noch existierenden Reichshauptstadt lässt sich von den Ereignissen der Flucht und Vertreibung nicht trennen. Sie bestimmten ihre Gedanken, erklären ihre Vorsicht, ihr Misstrauen, ihre Angst auch in Berlin.

Erste Fluchtbewegungen setzten bereits Ende Oktober 1944 ein, als die Rote Armee im äußersten Osten, im Kreis Gumbinnen erstmals deutsches Reichsgebiet betrat und die dort lebenden Menschen zu Tausenden ins Innere Ostpreußens flohen. Der deutschen Wehrmacht gelang es zunächst relativ schnell, die Rote Armee wieder hinter die Reichsgrenze zurückzudrängen. Der unheimliche Spuk schien vorbei, deutscher Boden wieder sicher. Der erste Flüchtlingsstrom verebbte rasch. Zwar behielten die Russen Tilsit, Trakehnen und Ebenrode in ihrer Hand, aber den Vorstoß nach Westen stellten sie ein.

Im Verhältnis zu dem, was sich drei Monate später ereignete, war die erste Fluchtbewegung von 1944 klein und unwesentlich. Am 12. Januar 1945 griff die Rote Armee erneut an und eroberte innerhalb weniger Wochen große Teile Ostpreußens, Pommerns und Schlesiens. Nun rollte die große Fluchtwelle nach Westen, auf das vermeintlich noch sichere Reichsgebiet zu. In größter Eile packten die Menschen ihre wichtigsten Güter auf Pferdewagen, Karren oder Schlitten und verließen Häuser, Höfe und Heimat. Oft jedoch erst in allerletzter Sekunde. Einer der Hauptverantwortlichen für den verspäteten Aufbruch war der Gauleiter Ostpreußens, Erich Koch. Er hatte seinen Verantwortungsbereich zur Festung erklärt und wollte ihn auf jeden Fall halten. Eine Räumung der von der Roten Armee bedrohten Gebiete war für ihn ein

Flucht über das zugefrorene Haff. Russische Kampfflieger beschossen die Trecks, die Wagen durchbrachen die dünne Eisschicht. Viele Ostpreußen verloren ihr Leben.

Zeichen von Schwäche und Feigheit. Stattdessen organisierte er einen Volkssturm und beschwor die Ostpreußen zum Durchhalten. »Mauern brechen, unsere Herzen nicht«, lautete die Parole. So brach ein großer Teil der Bevölkerung tatsächlich erst dann auf, als die Front unmittelbar vor der Haustür verlief. Häufig geschah es, dass die Flüchtlinge zeitgleich mit den zurückweichenden deutschen Truppen ihre Dörfer und Städte verließen. Die schnell vorrückende Rote Armee saß ihnen von nun an ständig im Nacken.

Die Flucht aus Ostpreußen verlief besonders dramatisch, da die Sowjets bereits am 29. Januar bei Elbing die Ostsee erreichten und Ostpreußen damit eingekreist war. Der direkte Landweg in den Westen war nunmehr versperrt, für die Flüchtlinge gab es nur noch zwei Auswege: mit dem Schiff von Königsberg oder Pillau über die Ostsee ins Reichsgebiet oder über die noch nicht besetzte Frische Nehrung, die Landbrücke in der Danziger Bucht, nach Danzig zu entkommen. Die Frische Nehrung erreichten die in Trecks ziehenden Flüchtlinge über das zugefrorene Haff, doch der Marsch über das brüchige Eis wurde für viele zur Falle.

Immer wieder versanken Flüchtlingswagen im eiskalten Wasser, russische Flieger beschossen die Wagenkolonnen. Entlang der Wegstrecke sah man erfrorene Menschen, im Eiswasser verendete Pferde, zerstörte Fluchtwagen. Etwa eine halbe Million Menschen zog über das Haff. Viele von ihnen verloren in der Eiswüste ihr Leben.

Wer durchkam, konnte wiederum versuchen, von Danzig oder der pommerschen Hafenstadt Kolberg über das Meer das bedrohte Gebiet zu verlassen. Zweieinhalb Millionen Menschen gelangten schließlich per Schiff in den Westen. Andere versuchten, mit einem der Sonderzüge für Flüchtlinge mitzukommen, die nun in Pommern und Schlesien eingesetzt wurden – allerdings nicht sehr zahlreich, denn Rüstungsminister Albert Speer räumte Truppentransporten absolute Priorität ein. Ein Großteil der Flüchtlinge musste sich daher auch weiterhin langsam und unter großen Strapazen über die verschneiten Straßen nach Westen vorkämpfen.

Viele von ihnen erreichten Berlin oder andere noch halbwegs sichere Reichsgebiete nicht mehr. Zu spät hatten sie Haus und Hof verlassen. Die sowjetischen Panzerdivisionen holten sie ein, die Flucht war gescheitert. Die Nachkriegszeit begann für sie schon im Februar und März 1945. Viele kehrten zurück in ihre Heimatorte, andere ließen sich dort nieder, wo sie von den russischen Truppen eingeholt worden waren. Sie bezogen leer stehende Güter, deren Besitzer ebenfalls geflohen waren, und machten sich als Landarbeiter nützlich. Es war eine Zeit des Abwartens, der Unklarheit. Was würde nun mit den Deutschen geschehen? Was würden die Sowjets anordnen? Welche Gebiete würden deutsch bleiben, und welche Rolle würden die Polen in Zukunft spielen?

Die Neuordnung der Machtverhältnisse in den ehemaligen Ostgebieten des Deutschen Reiches vollzog sich schleichend und ohne konkrete Vorgaben von Seiten der russischen Besatzer. Sie duldeten stillschweigend, dass eine provisorische polnische Regierung allmählich die Verwaltung dieser Gebiete übernahm. Auch die westlichen Alliierten intervenierten nicht gegen dieses Vorgehen. Der Grund für ihre Passivität ist vor allem darin zu suchen, dass die Siegermächte im Frühjahr 1945 noch gar nicht entschieden hatten, wo die Grenze zwischen Deutschland und Polen in Zukunft verlaufen sollte. Bei ihrem Treffen in Jalta, Anfang Februar, hatten sich der britische Premier Winston

Churchill, der amerikanische Präsident Franklin D. Roosevelt und der russische Oberbefehlshaber Josef Stalin in dieser Hinsicht nicht einigen können. Die endgültige Festlegung der Westgrenze Polens sollte bis zur Friedenskonferenz aufgeschoben werden. Fest stand nur, dass Deutschland im Osten Gebiete an Polen würde abtreten müssen, um damit Polen für seine Gebietsverluste an Russland zu entschädigen. Churchill hatte diesen Gedanken bereits im Dezember 1943 auf der Konferenz in Teheran erschreckend lässig veranschaulicht: »Ich möchte an das von mir angeführte Beispiel von den drei Streichhölzern erinnern, von denen eins Deutschland, das zweite Polen und das dritte die Sowjetunion darstellt. Diese Streichhölzer müssen alle nach Westen verschoben werden, um eine der wichtigsten Aufgaben zu lösen, die vor den Alliierten steht, die Sicherung der Westgrenzen der Sowjetunion.«

Bei der so genannten Westverschiebung Polens ging es also in erster Linie gar nicht um die deutsch-polnische, sondern um die polnisch-russische Grenze, die nun deutlich weiter westlich liegen sollte als vor dem Krieg. Stalin beanspruchte die Gebiete, die ihm 1939 durch die mit Hitler ausgehandelte Aufteilung Polens zugefallen waren, auch weiterhin für die Sowjetunion. Die westlichen Alliierten akzeptierten das. Für sie stellte sich damit nur noch die Frage, wie groß die Entschädigungen ausfallen sollten, die Polen im Westen von Deutschland erhalten würde.

Doch während die Lösung dieser Frage immer wieder vertagt wurde, wurden von der provisorischen polnischen Verwaltung in Ostpreußen, Pommern und Schlesien vollendete Tatsachen geschaffen. Im Mai 1945 wurde ein Dekret erlassen, das die Eingliederung der deutschen Ostgebiete bis an Oder und Neiße in den polnischen Staat anordnete. Nun hatte die polnische Miliz vollends das Sagen, die russische Armee zog sich zurück. Es begannen die wilden Vertreibungen. Offizielle Anordnungen von Seiten der Behörden gab es für diese Vertreibungen zwar nicht, sie wurden aber durch die Bereitstellung von Polizeieskorten für die Vertriebenentrecks von vornherein unterstützt. Viele Deutsche, die auf der Flucht von der Roten Armee überrollt worden waren, wurden nun Opfer der Vertreibung. In den meisten Fällen hatten die Menschen beides erlebt, Flucht und Vertreibung. Daher werden die Begriffe »Flüchtlinge« und »Vertriebene« im Folgenden weitgehend synonym verwendet.

Zeitgleich fingen auch die Vertreibungen aus der von der deutschen Herrschaft befreiten Tschechoslowakei an. Hier hatte es keine breite Fluchtbewegung gegeben. Die Deutschen im Sudetenland, in Böhmen und im Prager Gebiet hatten sich sicher geglaubt. Anfang Mai brach über sie nun die hasserfüllte Rache der seit sieben Jahren bevormundeten und unterdrückten Tschechen herein. Vertreibungen waren noch das geringste Übel. Stärker noch als in Polen kam es zu gewalttätigen Ausschreitungen gegenüber den Deutschen, die nun erleben mussten, dass sie für die Untaten des Naziregimes mit voller Wucht zu büßen hatten.

Die Alliierten konnten die Gewaltexzesse nicht verhindern. Im Artikel XIII der Potsdamer Beschlüsse, die im Anschluss an die Konferenz Anfang August 1945 unterzeichnet wurden und die die faktisch schon bestehende Oder-Neiße-Linie als Grenze festschrieben, wurde zwar gefordert, dass die »Umsiedlung« der deutschen Bevölkerung »organisiert und human« erfolgen solle, überwacht wurde die Umsetzung des Beschlusses allerdings nicht. Wilde Vertreibungen und behördlich angeordnete Ausweisungen gingen nahtlos ineinander über. Die Deutschen in Polen und in der Tschechoslowakei wurden aufgefordert, binnen weniger Stunden ihre Sachen zu packen und ihren Wohnort zu verlassen. Bei den wilden Vertreibungen kamen solche Befehle von Zivilisten und ehemaligen Partisanen, bei den offiziellen Ausweisungen von der Miliz. Für die Deutschen machte es kaum einen Unterschied. Die Transportzüge, mit denen sie außer Landes gebracht wurden, bestanden meistens aus Viehwaggons. Sie waren heillos überfüllt und oft tagelang ohne jede Versorgung unterwegs. Gegen Plünderungen durch Banden entlang der Bahnstrecken wurden sie kaum geschützt. Es war offensichtlich, dass man mit den Deutschen, die pauschal als Naziverbrecher verurteilt wurden, keinerlei Mitleid empfand.

Neuneinhalb Millionen Heimatvertriebene wurden bei der ersten Volkszählung Ende Oktober 1946 innerhalb des geschrumpften Deutschlands ermittelt. Gut eine Million davon wurden allein 1945 in Berliner Flüchtlingslagern registriert. Die Reichshauptstadt spielte bei der ersten Versorgung der Heimatlosen hinter der neuen Grenze demnach eine herausragende Rolle. Dabei war in Berlin das Flüchtlingsproblem nur eines von vielen. Die Menschen aus dem Osten waren nicht die Einzigen, die in den ersten Friedensmonaten in und durch die Stadt zogen,

Zurückkehrende evakuierte Berliner. Von den Flüchtlingen kaum zu unterscheiden. Was sie zu Hause erwartete, war ungewiss.

die verpflegt und notdürftig untergebracht werden mussten. Neben den Heimatvertriebenen kamen außerdem Massen von evakuierten Berlinern in ihre Heimatstadt zurück, Menschen, deren Behausungen oftmals zerbombt waren, deren Familien im Endkampf umgekommen waren, die nun zwar wieder zu Hause waren, aber dennoch vor dem Nichts standen. Sie bedurften nicht weniger der öffentlichen Hilfe als die Flüchtlinge. Auch Wehrmachtssoldaten, die aus der Kriegsgefangenschaft entlassen worden waren, belagerten die Straßen der Stadt. Teilweise waren es Berliner, denen es mitunter wie den Evakuierten erging, teilweise waren es Männer, die hofften, in Berlin einen Zug in ihre Heimat zu finden und bis dahin irgendwo Unterschlupf suchten. Die dritte große Gruppe von hilfsbedürftigen Menschen waren die so genannten *displaced persons*: befreite KZ-Häftlinge, Zwangsarbeiter aus allen Teilen Europas und Kriegsgefangene der deutschen Wehrmacht. Wie für die Flüchtlinge wurden auch für die *displaced persons* eigene Lager errichtet. Die zwei größten von ihnen befanden sich in der Potsdamer Chaussee in Zehlendorf und konnten zusammen über 5.000 Personen aufnehmen. Dennoch waren sie klein im Verhältnis zum größten Berliner Flüchtlingslager in der Kruppstraße, in dem fast doppelt so viele Menschen Platz fanden. Insgesamt, so errechnete der Berliner Magistrat in einem späteren Bericht, wurden 1945 1.573.007 Personen in Lagern erfasst und versorgt.

Zahlenmäßig bildeten die Heimatvertriebenen die größte Gruppe unter den Hilfsbedürftigen in Berlin. Umso erstaunlicher ist es, dass bislang keine größere Publikation zu diesem Thema vorliegt. Die oft erschütternden Fluchterlebnisse und zumeist nicht minder erschreckenden Berichte über die Vertreibung und Ausweisung der Menschen können bereits in vielen Büchern nachgelesen werden. Auch über ihre Integration in die westlichen Bundesländer ist viel geschrieben worden. Wie es ihnen aber im ersten Nachkriegsjahr in Berlin erging, darüber fehlte bislang jede ausführliche Schilderung.

Das mag an der eher bescheidenen Quellenlage liegen. Zwar befinden sich im Landesarchiv Berlin die Akten der Abteilung Ausgewiesene und Heimkehrer des Hauptamtes für Soziales und in Genf, im Archiv des Internationalen Roten Kreuzes, aufschlussreiche Berichte über Qualität und Ausmaß der Flüchtlingsversorgung in Berlin. Auch in den veröffentlichten Beschlüssen des ersten Berliner Magistrats wird – allerdings nur am Rande – auf das Flüchtlingsproblem eingegangen. Doch alles in allem handelt es sich hierbei um deutlich weniger als hundert Seiten, durch die zwar ein grober Überblick, aber kein präzises Gesamtbild von der Flüchtlingsversorgung vermittelt wird. Viele in den Akten erwähnte Entscheidungen und Anordnungen lassen sich heute nicht mehr restlos ergründen. Die Entscheidungsträger von damals, leitende Beamte in der Abteilung Ausgewiesene und Heimkehrer, Lagerleiter und -ärzte, Vertreter der Reichsbahndirektion, die sich mit der Weiterleitung der Flüchtlinge befassten, sind inzwischen verstorben. Trotz mehrfacher Aufrufe in Presse, Rundfunk und Fernsehen war es nicht möglich, mehr als eine einzige Lagerhelferin ausfindig zu machen, die sich 1945 in Berlin um das Wohl der Flüchtlinge kümmerte. Umso erstaunlicher, dass es sich hierbei um die bekannte Schauspielerin Marianne Hoppe handelt.

Das Vorhaben, über das Leben und die Versorgung der Heimatvertriebenen in Berlin zu berichten, wäre gescheitert, hätten sich nicht viele ehemalige Flüchtlinge auf die Aufrufe in den Zeitschriften der Landsmannschaften gemeldet. Der vorliegende Text basiert auf Zeitzeugeninterviews, die zunächst im Rahmen einer Fernsehdokumentation des Senders Freies Berlin geführt und später für das Buchprojekt vertieft wurden. *Treibgut des Krieges* zeichnet den Aufenthalt der Flüchtlinge in Berlin 1945 aus der Perspektive der befragten Zeitzeugen nach. Es ist somit ein Erinnerungsbuch, das durch Informationen aus Standardwerken zur Berliner Nachkriegsgeschichte, vor allem aber aus den Genfer und Berliner Akten ergänzt wird.

Nicht alle Aussagen der Zeitzeugen passten nahtlos aneinander. Erinnerungslücken ließen manche Fragen offen; hier und da gab es Widersprüche in den Erlebnisberichten, die nicht in allen Fällen gänzlich aufgelöst werden konnten. Es wäre allerdings auch höchst verwunderlich gewesen, wenn keinerlei Ungereimtheiten in den Gesprächen aufgetaucht wären: Die Erlebnisse liegen immerhin über fünfzig Jahre zurück, und viele der Zeitzeugen waren damals Kinder zwischen acht und fünfzehn Jahren. Hinzu kommt, dass die menschliche Wahrnehmung und die Erinnerung generell selektiv sind. Gerade die alltäglichen Ereignisse im Lagerleben, die heute interessant erscheinen, wurden damals kaum zur Kenntnis genommen bzw. schnell wieder vergessen. So erinnerten sich nur wenige detailliert an die medizinische Versorgung, während jedoch die vielen Toten in den Lagern allen im Gedächtnis geblieben sind. Die Augenblicke höchster Angst und Not prägen sich tiefer ein. Inwiefern die Erinnerung hierbei dramatisiert, ist schwer einzuschätzen. Die in den Archiven in Genf und Berlin vorliegenden zeitnah verfassten Berichte sind jedenfalls oft nicht weniger erschreckend als die Erzählungen der Zeitzeugen.

Die Gespräche mit ihnen waren nicht in allen Fällen einfach. Zwar wurden niemals revanchistische Gedanken geäußert, aber immer wieder war ein latenter Hass auf Polen und Russen zu spüren. Füttert ein Buch wie *Treibgut des Krieges* nicht solche Gefühle? Ergreift es nicht automatisch Partei für die Vertriebenen und gegen die Vertreiber? Die Verbrechen, die Polen, Tschechen und Russen unter den Nazis erleiden mussten, werden hier nicht thematisiert. Wird die Darstellung von Flüchtlingsschicksalen damit nicht einseitig und ungerecht?

Sie wäre es, wenn sie zugleich das Urteil über diejenigen sprechen wollte, vor denen die Deutschen flohen, die sie vertrieben. Genau das kann und will das Buch aber nicht. Eine Beschreibung der Erlebnisse von Flüchtlingen erklärt und beurteilt in keiner Weise die Motivation ihrer Peiniger. Diese zu durchleuchten, der unbestreitbaren Kausalität zwischen den Untaten der deutschen Besatzer und Flucht und Vertreibung nachzugehen, ist ein eigenes Thema, das eine eigene Bearbeitung erfordert und nicht nur flüchtig gestreift werden sollte. Das schnelle, vermeintlich »politisch korrekte« Gegenüberstellen von Zahlenkolonnen und Schreckensbilanzen der Verbrechen der Deutschen während und denen der Russen, Tschechen und Polen nach dem Krieg behält immer etwas von einem gegenseitigen Abwiegen des Leides, als könne dahinter eine Gerechtigkeit stecken, als würden die Erlebnisse der Flüchtlinge und Vertriebenen weniger schlimm, weil zuvor Polen, Tschechen und Russen gedemütigt, verfolgt und ermordet wurden.

Der Schuldzusammenhang zwischen den Verbrechen der Deutschen in Osteuropa und dem Schicksal der Flüchtlinge und Vertriebenen soll hier keinesfalls geleugnet und verdrängt werden. Er bleibt stets präsent, wenn sich auch das vorliegende Buch bewusst auf das Thema der Flüchtlinge und Vertriebenen in Berlin beschränkt.

Erst mal nach Berlin

Es war dunkel, als wir in Berlin ankamen. Der Stettiner Bahnhof wurde ausgerufen. Als wir den Bahnhof verließen, hatten wir den Eindruck, im Umland zu stehen. Es war ein bisschen schummrig, man konnte nur Umrisse erkennen, und wir haben zunächst gedacht, wir seien falsch ausgestiegen. Das konnte doch nicht Berlin sein. Wir sahen nur Trümmerberge und sonst weit und breit nichts. Da verloren wir all unsere Zuversicht. Ich hatte doch so viel Mut gehabt und so viel erwartet von Berlin – und nun nichts als Trümmer.«

Über vier Monate war Hildegard Stryszyk auf der Flucht gewesen, als sie Ende Mai 1945 in einem überfüllten Zug mit kaum mehr als den Kleidern, die sie am Leibe trug, den Stettiner Bahnhof erreichte. Am 26. Januar hatte die Rote Armee Schneidemühl in Pommern, die Heimatstadt der Einundzwanzigjährigen, eingenommen und in Schutt und Asche gelegt. In letzter Minute konnten die Einwohner fliehen. Lange Zeit war der Zivilbevölkerung von den deutschen Befehlshabern verboten worden, die Stadt zu verlassen. Der Volkssturm sollte sie bis zum bitteren Ende verteidigen. Erst als die Lage aussichtslos geworden war, wurde ein Zug freigegeben. Hildegards Vater war Angestellter der Reichsbahn und hatte daher als einer der Ersten von dem Flüchtlingstransport erfahren. Er war nach Hause gelaufen, um seine Tochter zu holen. Sie musste allein auf die Flucht gehen. Hildegards Mutter war schon vor Jahren gestorben, und ihr Vater war dienstverpflichtet. »Wenn wir uns jemals wiedersehen, dann bei deinem Onkel in Berlin.‹ Mit diesen Worten verabschiedete er sich auf dem Bahnhof von mir. Der Beschuss durch die Stalinorgeln wurde immer heftiger, und der Zug setzte sich in Bewegung.«

Sehr weit ging die Fahrt nicht. In Neuhaus, einem Dorf in der Nähe von Stargard, wurden die Flüchtlinge notdürftig untergebracht. Nur kurz aber konnten sie sich hier in Sicherheit wiegen, denn schon eine

Das zerbombte Berlin 1945. Links die Charlottenstraße, rechts die Markgrafenstraße. Am oberen Bildrand der Gendarmenmarkt.

Woche später erreichte auch die Rote Armee den Ort. Nach der Kapitulation Nazideutschlands ging es in polnische Hand über. Die Einwohner wurden enteignet, aus ihren Häusern gejagt und zusammen mit den Flüchtlingen, die in Neuhaus Unterschlupf gefunden hatten, nach Schwedt an der Oder getrieben. Die Deutschen hatten in Polen nichts mehr zu suchen. Gemeinsam mit zwei Witwen und einer Mutter mit ihren zwei halbwüchsigen Töchtern schlug sich Hildegard Stryszyk zu Fuß zunächst nach Angermünde und dann nach Eberswalde, knapp dreißig Kilometer nordöstlich von Berlin, durch. »Und in Eberswalde stand ein Zug auf dem Bahnhof, und es hieß, der fährt nach Berlin.«

Sie war am Ziel. In Berlin lebte der Bruder ihres Vaters, Berlin war die erste Großstadt westlich der Oder, ja, Berlin war die Reichshauptstadt. Hier würde die heimatlos gewordene junge Frau Zuflucht und Hilfe finden. Berlin stand für Hoffnung, Berlin stand für einen Neuanfang nach den Schrecken des Krieges, der Flucht und der Vertreibung. Wie niederschmetternd, wie enttäuschend und gleichzeitig wie unglaubhaft musste daher der Anblick der gewaltigen Trümmerlandschaft auf sie wirken, in die der Krieg Berlin verwandelt hatte.

»Wir standen ganz unschlüssig auf dem Bahnhof und wussten nicht recht, wo wir sind und was wir nun tun sollten. Da kam im Dämmerlicht ein Mann auf uns zu und fragte, wer wir sind und wohin wir wollen. Und wir haben gesagt: ›Wir wollen nach Berlin.‹ ›Da seid ihr, ihr seid in Berlin‹, hat er geantwortet. Nein, das konnte doch nicht wahr sein. Wir wollten dem Mann erst gar nicht glauben. Er erklärte uns den Weg zu einem Gebäude in der Nähe. Dorthin sollten wir erst mal gehen, er würde später nachkommen. Das Gebäude haben wir dann auch ziemlich schnell gefunden. Es war eher eine Ruine. Aber es roch dort herrlich nach Brot, denn in den Trümmern befand sich noch eine Backstube. Der Bäcker stand davor, und als er uns kommen sah, ist er in seine Backstube gerannt und hat die Tür verrammelt. Der hat bestimmt gedacht, was will dieses Gesindel hier. Zum Glück kam kurz darauf unser Mann vom Bahnhof. Inzwischen wurde es auch langsam hell, und hinter den zugenagelten Fenstern hörten wir die Wecker klingeln. Der Mann führte uns in den Keller, in dem ein langer Tisch und Bänke standen. Wir sollten uns hinsetzen und noch mal auf ihn warten. Nach vielleicht einer Viertelstunde kam er zurück, einen Henkelkorb am Arm, voll gefüllt mit Brot, Margarine, Marmelade und Muckefuck. Der Mann war in den Trümmern von Tür zu Tür gegangen und hatte für uns gebettelt. Und jeder hat etwas gegeben. Also das war ein Tischleindeckdich. Wir konnten uns satt essen – es war unfassbar. Und dann hat er noch einen Stadtplan geholt und erklärt, wie wir unsere Verwandten finden können. Als wir uns schließlich auf den Weg machten, kam der Bäcker aus der Backstube und überreichte uns noch ein großes, frisch gebackenes Brot. Wir haben geheult, als wir loszogen.«

Dank der Wegbeschreibung des Berliners fanden Hildegard Stryszyk und ihre Begleiterinnen durch die Trümmerlandschaft zu ihren Verwandten. Entlang unkenntlich gewordener Straßen, über frei geräumte Kreuzungen mit großen Schildern in kyrillischer Schrift: Wegweiser für das russische Militär durch eine Stadt aus Ruinen. Im Schatten der Mauerreste Obdachlose. Verzweifelte, heruntergekommene Menschen, deren Wohnungen im fanatischen Endkampf um die »Festung Berlin« zerstört worden waren und die sich jetzt in den Trümmern Kochstellen und notdürftige Lager herrichteten. Es ging vorbei an Gruppen von Flüchtlingen, die wie sie selber durch die Steinwüste irrten, und vorbei an ausgemergelten Männern in abgerissenen Wehrmachtsuniformen. An vielen Stellen noch Kriegsschrott. Verbogene Flugabwehrgeschütze, zerschossene Kanonen, ausgebrannte Panzer. Auf den Hauptstraßen hin und wieder ein Auto – hohe Offiziere der Roten Armee. Dann wieder lange Menschenschlangen vor den Wasserpumpen, gebeugte Frauen und Männer, die in jeder Hand einen voll gefüllten Eimer nach Hause schleppten. Doch in was für ein Zuhause! Da sah man Menschen in Häusern mit weggebrochenen Außenwänden, die Bodendielen ragten wie Sprungbretter hinaus. Und in der »guten Stube« saßen Leute um einen Tisch und unterhielten sich – ein Dach überm Kopf und doch im Freien. Vor manchem Kellereingang versammelte sich die ganze von der Not zusammengewürfelte Hausgemeinschaft, weil dort unten noch ein Herd unversehrt geblieben war.

In den Trümmern trennten sich die ungewissen Wege der Flüchtlingsfrauen. »Fragen Sie nach dem zentralen Viehhof, wenn Sie sich verirren, der ist ganz in der Nähe«, hatte der Berliner Hildegard Stryszyk erklärt. Aber als sich die junge Frau endlich bis zum Weidenweg in Friedrichshain durchgeschlagen hatte, stand von dem Mietshaus, in dem der Onkel mit seiner Familie gewohnt hatte, nur noch ein Skelett. Wie unzählige andere Ausgebombte hatte ihr Onkel aber ein Schild mit seiner neuen Adresse in den Trümmern aufgestellt: Stienitzseestraße 7, Adlershof. Hildegard Stryszyk kannte das im Südosten Berlins gelegene Adlershof noch von früheren Besuchen. Dort lebte eine entfernte Verwandte, die einen kleinen Tante-Emma-Laden besaß. Immer, wenn die Stryszyks in Berlin gewesen waren, hatten sie dort eingekauft. So fühlte sich Hildegard nun nicht ganz verloren. Sie fragte sich durch, konnte auf einem Teil der Strecke sogar die S-Bahn benutzen, die in wenigen Abschnitten schon wieder fuhr. Noch am späten Nachmittag ihres Ankunftstages in Berlin stand die vollkommen erschöpfte junge Frau vor dem zweigeschossigen Stadthaus, in dem die Behörden dem Onkel und seiner Familie nach der Ausbombung eine Eineinhalbzimmerwohnung zugewiesen hatten. »Meine Tante war vor Freude ganz außer sich. Sofort ist sie mit mir zu meinem Onkel gegangen. Der war nämlich nicht zu Hause, weil ihn die Russen in Adlershof als Polizist eingesetzt hatten.«

Es war klar, dass Hildegard zunächst einmal bei Onkel und Tante unterkommen konnte. Nur wenige Tage später allerdings kehrte bereits ihr Cousin aus der Kriegsgefangenschaft zurück, und das Quartier wurde für vier Personen zu eng. Nun wurde mit der Stiefschwester der Tante verhandelt, die das kleine Geschäft in Adlershof führte. Sie ließ sich dazu überreden, Hildegard für vier Wochen bei sich aufzunehmen. Anschließend konnte die Tante ihr ein kleines möbliertes Zimmer zur Untermiete vermitteln.

Die Miete konnte Hildegard sogar selber bezahlen, denn noch in Neuhaus, dem kleinen Dorf bei Stargard, war sie auf kuriose Art und Weise zu reichlich Geld gekommen. »Als Anfang Mai Deutschland kapitulierte, fuhr ein Konvoi der Roten Armee durch den Ort. Die Soldaten sangen und feierten auf ihren Wagen und Kettenfahrzeugen und riefen immerzu ›Hitler kaputt, Geld kaputt, alles kaputt‹, und dabei warfen sie mit vollen Händen Geldscheine durch die Gegend. Sie glaubten, sie seien nichts mehr wert. Sie flatterten über die Felder und landeten in den Straßengräben. Ich habe das Geld dann aufgesammelt, sobald die Truppe aus dem Blick war, und wurde ›reich‹.« Dank der ansehnlichen Barschaft und ihren guten Kontakten wurde die Ankunft in Berlin für

Flüchtlinge in Berlin, Juni 1945.

Hildegard letztlich zu dem, was sie sich, wie viele andere Vertriebene auch, erhofft hatte: zu einem Neuanfang.

Hildegard Stryszyk gehörte zu den ersten Flüchtlingen, die nach der Kapitulation in Berlin eintrafen. Es waren nicht nur ein paar wenige Personen, die in der großen Stadt nicht weiter auffielen, sondern schon zu diesem frühen Zeitpunkt waren sie überall anzutreffen, eine Menschenmenge, die zunehmend anschwoll. Bereits am 24. Mai wurde im neu gegründeten Berliner Magistrat über den bedenklichen »Zustrom der Bevölkerung nach Berlin« diskutiert. Das Ergebnis war eine Politik der Abwehr. »Alle sollen bleiben, wo sie sind, um die Schwierigkeiten hier nicht zu vergrößern«, heißt es in dem Sitzungsprotokoll.

Ein zentrales Problem war die Ernährung der Flüchtlinge. Wollte man sie nicht verhungern lassen, so mussten sie notgedrungen aus den Lebensmittelkontingenten für die Berliner versorgt werden. Und die waren schon knapp genug. Der Berliner Verwaltung waren im Übrigen in der Versorgungsfrage die Hände gebunden. Der Neuaufbau der städtischen Selbstverwaltung war mit der Anerkennung des neuen Magistrats durch die Führung der Roten Armee am 17. Mai zwar schnell eingeleitet worden, was aber den Nachschub an Lebensmitteln anging, blieben die Berliner weiterhin von den sowjetischen Befehlshabern abhängig. Auf einer Versammlung des Haupternährungsamtes am 3. Juli wurde der zuständige russische Ernährungsoffizier, Oberst Kroll, nachdrücklich um Zusatzkontingente für die Flüchtlingsversorgung gebeten. Doch die sowjetische Führung sah sich nicht in der Lage, zusätzliche Rationen bereitzustellen. Den Flüchtlingen seien pro Tag nicht mehr als eine Suppe und hundert Gramm Brot zuzuteilen – Brot, dessen Mehl auf Oberbefehl des Stadtkommandanten Bersarin durch Zusatz von Wasser gestreckt werden musste. Außerdem, so ordnete der Ernährungsoffizier an, hätten die Flüchtlinge Berlin nach 24 Stunden wieder zu verlassen. Diese aus der Not geborene Haltung der Härte wurde schließlich auch vom Hauptamt für Sozialwesen beim Magistrat Berlin voll übernommen. Dessen Referent äußerte sich auf einer Besprechung mit Kollegen aus Brandenburg und Dresden Mitte Juli mit folgenden Worten: »Durch Berlin kommen täglich ca. 20.000 Flüchtlinge und Ausgewiesene … Letzten Endes müssen wir dazu übergehen, diese Rückwanderer auf den Straßen Berlins polizeilich festnehmen zu lassen … Das mag etwas hartherzig klingen, aber wenn die Flüchtlinge wissen, dass sie in Berlin nicht mehr ernährt werden, dann wird niemand mehr kommen. Es wird kein anderer Weg bleiben.«

In den Augen der Behörden war Hildegard Stryszyk also ein unliebsamer Gast, ein zusätzliches Problem, das man so schnell wie möglich wieder loswerden wollte. Ihr großes Glück war es, dass ihr Onkel als Polizist arbeitete und »mit ein bisschen Raffinesse« für sie eine Aufenthaltsgenehmigung für Berlin »organisierte«, wie man damals gerne sagte.

Solches Glück hatten andere Flüchtlinge nicht. Wally Zschaler erreichte Berlin etwa zur gleichen Zeit wie Hildegard Stryszyk. Hinter ihr lag eine wahrhaft abenteuerliche Flucht. Am 21. Januar war die Vierundzwanzigjährige von Königsberg ins heimische Kleinkutten in Masuren gekommen, um ihren Vater zur Flucht vor der vorrückenden Roten Armee zu bewegen. Ihre Mutter und Schwester waren bereits im Herbst 1944, nach der ersten Großoffensive der Roten Armee, nach Guttstadt in Ostpreußen evakuiert worden. Wally hatte nicht mitgehen können, weil sie als Stabshelferin bei einer Luftwaffendivision in der Nähe von Königsberg beschäftigt war. Jetzt, an jenem verschneiten Januartag, musste der Vater die Stellung halten. Er arbeitete in Kleinkutten in einem Treibstofflager, das die Luftwaffe belieferte. So schickte er seine Tochter allein nach Königsberg zurück. Wally Zschaler sah ihren Vater nie wieder. In Königsberg wurde ihr mitgeteilt, dass ihre Luftwaffendivision nach Westen verlegt worden sei. Es blieb keine Zeit zum Nachdenken. Mit einem Militärtransport verließ Wally Zschaler Ostpreußen, »die Front immer im Rücken«. Mehrmals noch wurde ihr Stützpunkt verlegt. Mitte April arbeitete sie schließlich auf einem Flugplatz in Kletschany bei Prag. Dort erlebte sie am 5. Mai den Aufstand der Tschechen. Wally Zschaler und ihre Kollegen entkamen den Ausschreitungen nur knapp. Mit einem Flugzeug, das in letzter Minute bereitgestellt wurde, flohen die Wehrmachtsangestellten nach Prag. Von dort aus fuhr sie ein Bus an die deutsch-tschechische Grenze. Hier wurden die Deutschen von US-Soldaten in Empfang genommen und zu einer Wiese gebracht, auf der sie mehrere Tage kampierten. Wally Zschaler war verzweifelt. Sie wusste nicht, was nun werden sollte. In dieser Situation lernte sie Anneliese kennen. Sie war etwa im gleichen Alter wie Wally und stammte aus Berlin. »Als ich ihr sagte, ich käme aus Ostpreußen und wüsste nicht, wohin ich sollte, da sagte sie: ›Ach, komm doch erst mal mit mir nach Berlin zu meinen Eltern, dann kannst du immer noch weitersehen.‹ Ich war sehr froh über dieses Angebot. Ich hatte vor, mich einige Tage bei Annelieses Eltern zu erholen und wollte mich dann schlau machen, welche Möglichkeiten es für mich gab.«

Auf dem beschwerlichen Weg nach Berlin begleitete die beiden neuen Freundinnen neben Hunger und Durst immer auch die Angst, Annelieses Eltern könnten den Endkampf um Berlin nicht überlebt haben. In Weißwasser, etwa dreißig Kilometer südöstlich von Cottbus, bestiegen die jungen Frauen schließlich einen Kartoffelzug, der sie nach Berlin brachte.

Eine Berlinerin und ein Flüchtling: In ihrem Aussehen ununterscheidbar, die abgewetzte Kleidung, die von den Strapazen der Flucht gezeichneten Gesichter. Doch Anneliese war nun zu Hause, kannte sich aus. Eilig, mit neu gewonnener Energie lief sie immer einige Schritte voraus.

Viele Brücken waren im Endkampf zerstört worden. Die Spree oder Kanäle zu überqueren war oft ein Abenteuer. Hier die Reste der Herkulesbrücke über den Landwehrkanal im Bezirk Tiergarten.

Wally Zschaler folgte ihr unsicher. Sie empfand die zerstörte Reichshauptstadt als beängstigend, die Straßen mit ihren ausgehöhlten Häusern wirkten gespenstisch leer auf sie. Einmal mussten sie eine zerstörte Spreebrücke passieren. »Auf einem Teil konnte man noch gehen, dann haben wir uns irgendwie weitergehangelt und schließlich mussten wir von Stein zu Stein bis zum anderen Ufer springen. In der Ferne fuhr eine Straßenbahn. Das wirkte irgendwie unheimlich.«

Wie Hildegard Stryszyk mussten auch Wally und Anneliese zunächst den Schock verdauen, dass von dem Haus in Niederschöneweide, das sie zu finden gehofft hatten, nur noch ein Trümmerberg übrig war. Die Familie besaß aber eine Gartenlaube im brandenburgischen Hoppegarten, am östlichen Stadtrand Berlins, und Anneliese hatte Recht, sich mit ihrer Freundin bis dahin durchzuschlagen, denn die Ausgebombten hatten dort Quartier genommen. »Ein größerer Raum und ein kleines Kämmerchen. Da hauste die Familie. Der Vater war von dem Schlag mit einem Gewehrkolben am Kopf schwer verwundet, und auch Annelieses Schwester war krank. Zu fünft in dieser kleinen Hütte, das war natürlich zu eng. Ich habe dann unter dem Vordach im Garten geschlafen.«

Wally fand bei Anneliese und ihrer Familie in der Gartenlaube in Hoppegarten ein bisschen Sicherheit und Geborgenheit nach der langen Zeit des Unterwegsseins. Verständlich, dass sie den Plan fasste, erst einmal in Berlin zu bleiben. Die Zukunft sah zwar nicht gerade rosig aus, aber doch auch nicht mehr allzu düster. Wally hatte erste Bekannte in der Stadt, die ihr bei Schwierigkeiten sicherlich helfen würden. Vielleicht könnte sie sich beim Wiederaufbau nützlich machen und eine Hilfsarbeit finden. Überall sah man die Trümmerfrauen in den Schuttbergen stehen, Straßen und Schienen freilegen, Steine abklopfen, sortieren. Sollte es hier keinen Platz für sie geben? Der Familie von Anneliese allerdings wollte sie nicht länger zur Last fallen. So machte sie sich zwei Tage nach ihrer Ankunft zusammen mit Anneliese auf den Weg zur Ortsamtsstelle von Niederschöneweide, ein nur für kurze Zeit nach der Kapitulation eingerichtetes Amt. Wieder vorbei an der Pferderennbahn von Hoppegarten. Wie oft hatte sie zu Hause in Kleinkutten Übertragungen von Pferderennen aus Hoppegarten vor dem Volksempfänger verfolgt. Leider konnte Wally nun kaum etwas von der Rennbahn erkennen, denn das Gelände war eingezäunt. Nach einigen Kilometern Fußmarsch erreichten die beiden jungen Frauen endlich den roten Backsteinbau, in dem sich das Ortsamt befand. Hier bat Wally Zschaler um Essensmarken und Unterkunft.

Nicht im Traum wäre sie auf die Idee gekommen, dass der Besuch im Rathaus zum tragischen Wendepunkt ihrer Flucht werden sollte. Die kurzsichtigen und auf Abschottung bedachten Beschlüsse, die die Berliner Behörden in Absprache mit der sowjetischen Kommandantur hinsichtlich der Flüchtlinge getroffen hatten, zeigten für die junge Frau katastrophale Folgen. Ihr wurde erklärt, dass sie weder Essensmarken noch eine Aufenthaltsgenehmigung erhalten könne. Jeder Flüchtling habe vielmehr zu seinem Wohnsitz von 1937 zurückzukehren. Die junge Frau war enttäuscht. Aus welchem Grund wollte man ihr den Start in ein neues Leben verwehren? Warum verschloss sich Berlin ihrer Not? Natürlich hatte Wally Zschaler nur ihre eigenen Sorgen im Kopf. Wie oder ob die Stadt Berlin all den vielen Tausenden von Heimatlosen helfen konnte, fragte sie sich nicht. Im Hauptamt für Sozialwesen beim Magistrat aber, wo man sich diese Frage jeden Tag neu stellen und beantworten musste, sah man den Tatsachen ins Auge und stellte fest, dass es unmöglich war, alle Menschen in der Stadt ausreichend zu versorgen. Hier saßen keine mitleidlosen Ungeheuer, sondern Menschen, die auch für das »Wohlergehen« der Berliner verantwortlich waren. Da waren die Ausgebombten, für die nur mit Mühe eine neue Unterkunft gefunden werden konnte, Kinder darunter, eltern- und mittellos. Aus der Kriegsgefangenschaft entlassene Soldaten kehrten zurück, Berliner, die im Krieg evakuiert worden waren. Sie alle hatten auch Hunger. Und in den Augen des Berliner Magistrats hatten sie vordringlich Anrecht auf Hilfe. Die Anordnung, die Flüchtlinge und Vertriebene zu ihrem Wohnort von 1937 zurückzuschicken, entsprang dieser Auffassung. Sie beweist aber auch eine unvorstellbare Blindheit gegenüber dem, was in den ehemaligen Ostgebieten des Reiches und in der Tschechoslowakei vor sich ging. Hier lebte die deutsche Bevölkerung de facto längst im Status der Rechtlosigkeit. Lokal durchgeführte Vertreibungen kamen immer häufiger vor. Davon will der Berliner Magistrat, wie aus den Akten des Landesarchiv Berlins hervorgeht, allerdings erst Ende Juni erfahren haben. Eigenartig spät. Zwar war das gesamte Post- und Telefonnetz am Ende des Krieges vollkommen zusammengebrochen, von den Vertreibungen hätten die mit dem Flüchtlingsproblem betrauten Beamten durch Menschen wie Hildegard Stryszyk aber schon weitaus früher erfahren können. Über die weitreichenden Folgen ihres Beschlusses jedenfalls, Flüchtlinge an ihren Wohnort von 1937 zurückzuschicken, machte man sich auf den Berliner Ämtern offenbar keine Gedanken oder man nahm sie in Kauf.

Wally Zschaler gab sich so schnell nicht geschlagen und wandte sich am folgenden Tag noch einmal an das Ortsamt von Niederschöneweide. Vielleicht war ihr ja irrtümlich eine falsche Auskunft gegeben worden. Doch, nein, sie erhielt die gleiche Antwort wie am Vortag: Man würde sie in Berlin nicht versorgen, und sie solle in ihre Heimat zurückkehren. So verließ Wally Zschaler ein paar Tage später schweren Herzens die Gartenlaube. Die Vorstellung, in der Heimat ihre Familie wiederzusehen, erleichterte ihr immerhin ein wenig den Abschied. Da die junge Frau im Rathaus keinerlei Auskunft erhalten hatte, wann und von wo ein Transport nach Ostpreußen gehen würde, begab sie sich zusammen mit ihrer Freundin Anneliese zum Bahnhof von Lichtenberg, von dem aus Züge in Richtung Osten fuhren. Chaos herrschte auf den Bahnsteigen, nichts war organisiert. Keine Abfahrtspläne, keine Fahrtzielangaben. Niemand, der Genaueres wusste. Überall nur Menschen, die nach Osten wollten bzw. sollten, aber nicht wussten wie. »Es fuhren nur Güterzüge mit demontierten Maschinen und Beutegut in Richtung Russland. Schließlich fand ich einen Platz in einem dieser Güterwaggons, in dem schon viele andere Flüchtlinge saßen. Anneliese blieb noch eine Weile bei mir, doch dann wurde es Zeit für sie, nach Hause zu gehen, und wir sagten uns Lebewohl. Der Zug blieb aber noch lange auf den Gleisen stehen, und als es dunkel wurde, kamen Straßenbanden und raubten den Menschen ihr letztes Gepäck. Es gab großes Geschrei, aber das hat alles nichts genützt. Von deutschen oder russischen Sicherheitskräften war nichts zu sehen. Erst nach Stunden rollte der Zug langsam los. Im Waggon gab es nur ein Thema. Alle redeten davon, dass sie dorthin zurück müssten, wo sie 1937 gewohnt hatten. Diese von einer Behörde ausgegebene Order wurde einfach geglaubt. Was sollte man auch tun, ohne Lebensmittelmarken, ohne Obdach, mit wenig Geld, ohne Arbeit und ohne Beziehungen. Dass die Polen schon auf uns warteten, konnten wir nicht ahnen. Ich frage mich noch heute, ob es die Behörden wussten.«

Die Zugfahrt endete in Goslarshausen, kurz vor der ehemaligen Westgrenze Ostpreußens. Die Deutschen mussten den Zug verlassen. An den Gleisen stand schon polnische Miliz. Den zurückgekehrten Flüchtlingen wurden Papiere und Wertgegenstände weggenommen, dann wurden sie zur Zwangsarbeit abkommandiert. Zwei Jahre verbrachte Wally

Zschaler unter menschenunwürdigen Bedingungen in einem Lager für Deutsche in Polen. Die Flucht nach Berlin war ihr zum Verhängnis geworden.

Die Hoffnung der Berliner Behörden, durch eine unverzügliche Abschiebung der Heimatlosen das Flüchtlingsproblem zu lösen, war trügerisch. Die Reichshauptstadt wirkte wie ein Magnet auf die Flüchtlinge. Wie für Hildegard Stryszyk und Wally Zschaler waren für unzählige Flüchtlinge und Vertriebene Verwandte oder auch Freunde und Bekannte, die in Berlin wohnten, Hoffnungs- und Anlaufstelle. Man besann sich jedweden Kontakts. Nicht selten zur großen Überraschung der Berliner.

»Es war gegen Abend, als es an der Tür klingelte. Mein Vater öffnete. Eine Frau mit einem Kinderwagen und zwei Jungen standen vor uns. Sie waren ganz vermummt und sahen völlig heruntergekommen aus. Wir haben sie nur angestarrt. Erst allmählich erkannten wir, dass die Frau Necca war, bei der meine Mutter, meine Schwestern und ich in Ostpreußen eine Zeit lang gewohnt hatten. Sie war mit den Kindern wochenlang unterwegs gewesen. Alle Kleider, die sie noch besaßen, hatten sie übereinandergezogen. Mein Vater hat schließlich gesagt: ›Na, kommt rein. Irgendwie wird das schon gehen.‹ Wir haben ihnen dann erst mal Platz im Flur gemacht, dass sie sich ausruhen konnten.«

Necca und die Kinder blieben drei Wochen bei der Familie von Brigitte Krüger. Die Eltern der dreizehnjährigen Brigitte fühlten sich verpflichtet, die Flüchtlinge aufzunehmen. 1943, als die Bombardierung der Reichshauptstadt begann, waren große Teile der Berliner Bevölkerung, vor allem Kinder und Mütter, evakuiert worden. Brigitte kam zusammen mit ihrer Mutter und den zwei Schwestern in die idyllische Kleinstadt Sensburg an der Masurischen Seenplatte. Sie wurden bei Necca einquartiert. Allein mit ihrem Sohn Bruno lebte die Fünfundfünfzigjährige Frau in einer schönen Stadtvilla mit großem Garten, der bis ans Ufer eines Sees reichte. Ihr Mann war Oberst der Wehrmacht und kämpfte an der Ostfront. So war genügend Platz in dem großen Haus, und die Krügers bezogen eine geräumige Dachgeschosswohnung.

Im Januar 1945 stand die Rote Armee vor den Toren der Stadt. Frau Krüger floh mit ihren Töchtern zurück nach Berlin. Necca verließ Sensburg erst Tage später. Sie hatte ein Haus zu verlieren, ihren gesamten Besitz. Sie verschloss die Augen vor der Gefahr, wollte an die bevorstehende Niederlage Deutschlands nicht glauben. Im Sinne der Nazis verhielt sie sich vorbildlich, hatte Gauleiter Koch Ostpreußen doch zur Festung erklärt. Neccas Mann kommandierte inzwischen Truppen im nahen Rastenburg. Man würde den Vormarsch der Russen schon stoppen. Zu spät entschloss sich Necca zum Aufbruch. Ihre Flucht nach Berlin dauerte Wochen länger als die der Familie Krüger. Unterwegs nahm sie noch zwei verwaiste Kinder zu sich: Gerhard, einen zehnjährigen Jungen, und ein Baby mit »Greisengesicht«, das gerade zu sprechen anfing. Mit den drei Kindern schlug sie sich durch bis in die Reichshauptstadt, vor Augen immer die Adresse der Familie Krüger, den Gäßnerweg in Tempelhof. »Vier Personen, wir waren fünf«, erzählt Brigitte Krüger. »Und nun lebten wir mit diesen Menschen einige Wochen unter einem Dach in einer kleinen Dreizimmerwohnung. Das war natürlich zu eng, und ich glaube, wir haben am Ende jeden Tag gezählt.«

Trotz aller Entbehrungen hatte Neccas Ankunft doch auch etwas Gutes für Brigitte, denn das Mädchen schwärmte noch immer für Bruno, den Sohn Neccas, in den sie sich schon in Sensburg verliebt hatte. Und nun war er da, in der gleichen Wohnung, jeden Tag bei ihr. Zwar war er einigermaßen zerlumpt, und seine Kleidung behielt auch nach der Wäsche noch einen etwas strengen Geruch, doch heimlich hielten die beiden Händchen im Flur. Für eine große Liebesgeschichte allerdings war die Zeit nicht gemacht. Auch wenn die beiden Teenager nun jeden Tag verliebte Blicke austauschen konnten – allein waren sie nie.

»Der wichtigste Raum in dieser Zeit war die Küche. Meine Mutter kannte ich damals eigentlich nur von hinten. Sie stand immer nur mit dem Gesicht zum Herd, legte Kohlen auf, rückte Töpfe hin und her. Sie hörte gar nicht mehr auf zu kochen. Und trotzdem waren wir niemals satt, weil das Essen so mager war. Neun Personen an einem Küchentisch, und einer guckte immer auf den Teller des anderen, ob da vielleicht was mehr drauf lag. Ob morgens, mittags oder abends: Man wartete eigentlich immer schon auf die nächste Mahlzeit. Und dieses kleine Bengelchen, das Necca unterwegs aufgelesen hatte, das saß in einem alten Kinderstühlchen an der Wand und schielte stundenlang zu meiner Mutter herüber, wie sie am Herd stand und kochte. Und dann bestellte es sich immer etwas zu essen. Es konnte kaum sprechen, nicht einmal seinen

Namen sagen, aber einige Worte kannte es doch: Weißbrot, Soße und Fleisch, was natürlich leider nicht im Angebot war.«

Wollte man solche Gäste nicht schnellstmöglich wieder loswerden? Nach den Richtlinien der Berliner Verwaltung hätten Necca und die Kinder die Stadt nach einem Tag wieder verlassen müssen. Angesichts der eigenen Not wäre es durchaus nachvollziehbar gewesen, wenn die Krügers darauf hingewiesen hätten. Doch stattdessen zeigten die Berliner eine erstaunliche Hilfsbereitschaft. »Was wir für die Lebensmittelkarten bekamen, reichte für so viele Personen natürlich hinten und vorne nicht aus. Ich und meine Schwestern, wir jungen Mädchen, bekamen die schlechteste Ration: Wir hatten die Lebensmittelkarte V, Hungerkarte nannte man die. Auch meine Mutter kriegte nicht mehr. Nur mein Vater wurde noch ganz gut versorgt, weil er die so genannte Arbeiterkarte hatte. Und nun kamen noch diese Leute dazu! Da mussten wir einfach versuchen, noch etwas zusätzlich zu organisieren. Auf dem Schwarzmarkt oder bei Bekannten, mit denen man etwas tauschen konnte. Meine Eltern haben dann nach und nach zusammengekramt, was noch irgendwie zu verscherbeln war: unser Spielzeug, Puppenhäuser, Roller, ein kleines Dreirad, Schlittschuhe … Meine Mutter hatte sehr schönen Schmuck geerbt, der wurde dann auch nach und nach versilbert. Er war sehr wertvoll, aber dafür gab es auch gute Sachen: mal ein bisschen Butter oder ein Extrabrot oder ein Stück Speck.« Leicht fiel es Brigitte nicht, sich von ihren Spielsachen zu trennen. Aber sie war alt genug, den Ernst der Lage zu begreifen. Necca war den ganzen Weg von Ostpreußen bis Berlin zu Fuß gelaufen. Die Strapazen waren ihr ins Gesicht geschrieben. Oft saß sie geistesabwesend da, war überhaupt nicht ansprechbar. Niemand in der Familie Krüger wäre auf die Idee gekommen, sie in diesem Zustand fortzuschicken.

Privatinitiativen wie die der Familie Krüger waren angesichts der Masse von Vertriebenen, die nach Berlin strebten, natürlich nichts weiter als ein Tropfen auf den heißen Stein. Für die Behörden ging es nicht darum, Einzelschicksale zu erleichtern, sondern das Flüchtlingsproblem im Ganzen in den Griff zu bekommen. Diese Aufgabe wurde noch erschwert, als Berlin am 7. Juli unter alliiertes Oberkommando gestellt wurde. Jetzt fuhren auch britische und amerikanische Militärfahrzeuge durch die Stadt, bald darauf kamen die französischen hinzu. Berlin war nun der östlichste Vorposten der Westalliierten und wurde damit für die vertriebenen Ostdeutschen noch attraktiver. Die Rote Armee hatte in den deutschen Ostgebieten schlimm gewütet. Unter den Flüchtlingen herrschte daher große Angst vor den sowjetischen Besatzern. Die westlichen Alliierten, insbesondere die Amerikaner, galten demgegenüber als »Retter«. Bei ihnen fühlte man sich in Sicherheit. Und so war der kürzeste Weg in die Sicherheit der Weg nach Berlin. Die Anziehungskraft der Hauptstadt für die Heimatlosen steigerte sich dann noch einmal dadurch, dass die Westalliierten bald nach ihrer Ankunft in Berlin damit begannen, Vertriebene in die westlichen Besatzungszonen Deutschlands weiterzuleiten.

Die Berliner Flüchtlingspolitik, sowohl die des Magistrats als auch die der Alliierten, war nun merkwürdig doppelgesichtig. Zum einen reagierte man auf die Menschenmassen in den Straßen und Bahnhöfen durch konkrete Maßnahmen: Immerhin 48 Lager mit einer Gesamtaufnahmekapazität von ca. 30.000 Personen wurden bis Ende Juli in allen zwanzig Verwaltungsbezirken errichtet. Schon im Juni war außerdem eine besondere Unterabteilung des Hauptamtes für Sozialwesen gebildet worden, die sich ausschließlich mit der Versorgung der Ausgewiesenen und Heimkehrer befasste. Ihre Zentrale war Am Köllnischen Park 3, in Berlin-Mitte, vis-à-vis vom jetzigen Märkischen Museum; heute hat der Senator für Stadtentwicklung hier seinen Amtssitz. Der Entschluss, die Abteilung Ausgewiesene und Heimkehrer zu gründen, war im Hauptamt für Sozialwesen des Berliner Magistrats nur sehr zögerlich gefasst worden. Sie bestand zunächst nur aus einem Referenten und einer Sekretärin und unterstand der Abteilung für Allgemeine Fürsorge IVa. Erst im August wurde sie von dieser getrennt und beschäftigte dann zahlreiche Sachbearbeiter, Sekretäre, Stenotypistinnen und Boten, insgesamt 63 Personen.

Neben den Hilfsmaßnahmen in der Stadt selbst wurde andererseits jedoch nie der Gedanke aufgegeben, das Flüchtlingsproblem einfach dadurch zu lösen, dass man die Flüchtlinge von der Stadt fern hielt. Der deutlichste Ausdruck dieser Denkweise ist der Befehl Nr. 15 des Obersten Chefs der Sowjetischen Militärverwaltung und Oberbefehlshabers der Sowjetischen Besatzungstruppen in Deutschland, Marschall Shukow, vom 27. Juli: »Zwecks Vermeidung einer Übervölkerung der Stadt

Berlin befehle ich: Die Einreise von Übersiedlern in die Stadt Berlin ohne Erlaubnis des Militärkommandanten … zu verbieten.« Außerdem sollten auf allen Eisenbahnstationen um Berlin und in allen Zügen, deren Ziel Berlin war, Kontrollen vorgenommen werden, um Personen, die ohne Erlaubnis nach Berlin zu kommen versuchten, an der Einreise zu hindern.

Am selben Tag, an dem Shukow den Befehl Nr. 15 unterzeichnete, traf im Westhafen von Berlin ein Schiff mit der traurigen Fracht von rund 300 fast verhungerten Kindern ein, die aus einem Heim im pommerschen Finkenwerder stammten. Die Hilfskommission des Internationalen Roten Kreuzes schilderte den Fall: »Kinder von zwei bis vierzehn Jahren lagen bewegungslos auf dem Schiffsboden, die Gesichter von Hunger gezeichnet, an Krätze leidend, von Ungeziefer zerfressen. Leib, Knie und Füße waren geschwollen – bekanntes Symptom des Hungers.« Nach Shukows Anordnung hätte man die Kinder gar nicht erst in die Stadt hineinlassen dürfen. Mit dem Befehl Nr. 15 war Berlin – zumindest theoretisch – für Flüchtlinge gesperrt. Natürlich aber wurde das Verbot in Fällen wie dem geschilderten schlichtweg ignoriert. Dennoch gab es auch Versuche, den Befehl umzusetzen. So berichtet die Berliner Schriftstellerin Ruth Andreas-Friedrich in ihren Memoiren *Schauplatz Berlin* von an den Einfallstraßen aufgestellten Schildern, auf denen geschrieben stand: »Achtung Flüchtlinge. Zuzug nach Berlin gesperrt. Meidet die Stadtgrenze. Wandert westwärts.« Doch solche Aufforderungen blieben wirkungslos. Sie richteten sich an völlig verzweifelte, völlig entkräftete Menschen, für die Berlin die letzte Hoffnung darstellte. Von einem Schild ließen die sich nicht aufhalten.

Nicht immer konnte man sich allerdings einfach über das Zuzugsverbot hinwegsetzen. Das jedenfalls musste Hilmar Körner erfahren, als er mit seiner Mutter und seiner Großmutter die Stadtgrenze erreichte. Wie Brigitte Krüger war er im Herbst 1943 aus Berlin evakuiert worden. Er kam in ein kleines Dorf im ostbrandenburgischen Kreis Crossen an der Oder. Hier erlebte er den Einmarsch der Roten Armee. In deren Gefolge kamen auch Polen ins Dorf, die sich dort ansiedelten. Am 25. Juni trieb der neue polnische Bürgermeister unter Androhung von Gewalt und mit der Maschinenpistole in der Hand die Deutschen aus den Häusern und verwies sie des Ortes. Dem neunjährigen Hilmar, seiner Mutter und seiner Großmutter blieben zwanzig Minuten Zeit, das Allernotwendigste auf einen Handkarren zu packen. Dann hatten sie sich mit den übrigen Deutschen im Saal eines Gasthauses zu versammeln, wo sie auch die Nacht verbringen mussten. Am nächsten Tag begann für Hilmar und seine Angehörigen der lange, mühselige Weg nach Berlin. Doch als sie zusammen mit anderen Berlinern im äußersten Südosten vor den Toren ihrer Heimatstadt eintrafen, wurde ihnen der Weg versperrt. »In Erkner stand an einer Kreuzung, ziemlich dicht bei der S-Bahnstation, ein deutscher Polizist, der zu uns in einem barschen Ton sagte: ›Ab nach Rüdersdorf!‹ Ich höre es noch: ›Ab nach Rüdersdorf.‹ Was sollten wir in Rüdersdorf? Da kannten wir doch niemanden. Wir haben versucht, ihm klar zu machen, dass wir Berliner sind und in unsere Heimatstadt zurück wollen. Das interessierte ihn überhaupt nicht. Er wies uns einen Weg nach rechts, und wir mussten in Richtung Norden weitergehen.« Doch so beflissen der Polizist seine Order auch befolgt haben mochte, kaum waren die Berliner aus seinem Blickfeld verschwunden, bogen sie in einen Waldweg in Richtung Wilhelmshagen ein und zogen, ohne noch einmal aufgehalten zu werden, von dort weiter nach Rahnsdorf und schließlich nach Friedrichshagen. »Hier bot man uns in provisorisch eingerichteten Räumen in der Nähe des S-Bahnhofs einen ersten Unterschlupf an.« Seit der Vertreibung sah Hilmar erstmals wieder elektrisches Licht. Das Haus in der Bölschestraße, in dem er und die beiden Frauen aufgenommen wurden, steht noch heute und beherbergt nun eine Filiale der Commerzbank.

Kurz nach dem Eintreffen in der Unterkunft begegnete die Großmutter einem alten Bekannten, Herrn Müller. Er war von der Roten Armee als Bürgermeister von Friedrichshagen eingesetzt worden. Herr Müller versprach, der Familie zu helfen und lud sie gleich zu sich nach Hause ein. »Das war für mich wie im Paradies«, erinnert sich Hilmar Körner. »Wir haben Wasserkakao zu trinken bekommen, und ich habe auf einer Couch geschlafen.« Am nächsten Tag organisierte Herr Müller den Transport der Familie zur Heimatadresse der Großmutter. Die Körners packten Bollerwagen und Fluchtgepäck auf die Ladefläche des kleinen dreirädrigen Lastautos, das Herrn Müller als Bürgermeister zur Verfügung stand, und dann ging es quer durch die Stadt nach Reinickendorf.

Die Wohnung der Großmutter war unversehrt. Hilmar und seine Mutter blieben noch die folgende Nacht, dann machten sie sich mit ihrem Bollerwagen in Richtung Prenzlauer Berg auf. Zwei von den vielen, vielen Menschen, die mit dem Rest ihrer Habe durch die Stadt zogen, müde und ausgelaugt. Dabei ging es den Körners noch gut im Vergleich zu den zahllosen anderen, die mit letzter Kraft in der Stadt eintrafen. Auf den Wagen ausgehungerte Kinder mit aufgeblähten Bäuchen, apathische Greise, Menschen, die vor Erschöpfung gestorben waren. Hilmar und seine Mutter hatten bereits Hilfe erfahren, sie hatten sich ausruhen können und zogen nun ihrem Zuhause im Prenzlauer Berg entgegen: über die Osloer Straße, Badstraße, Wichertstraße und Grellstraße. Hier waren die Schäden weniger dramatisch. »Wir waren sehr aufgeregt, als wir in die Gubitzstraße einbogen. Tatsächlich war das Haus Nr. 46 vollkommen heil geblieben. Die Wohnung war jedoch von Ausgebombten belegt, denn es war doch klar, dass die Leute, die ein neues Dach überm Kopf brauchten, auch in Wohnungen zogen, von deren Bewohnern man glaubte, sie seien umgekommen. Es gab doch sonst nichts. Im Haus hielten uns alle für tot. Also hatte man diese Ausgebombten in unsere Räume gelassen. Eine behördliche Anordnung stand nicht dahinter. Aber wir fanden uns gleich mit der Situation ab. Wir hatten auf unserer Flucht viel Schlimmes erlebt und nur durch die Hilfe fremder Menschen überlebt, da waren wir nun nicht so hartherzig zu sagen: ›So, und nun raus aus unseren vier Wänden‹. Wir sind eben etwas näher zusammengerückt und haben uns die Eineinhalbzimmerwohnung geteilt. Ein gutes Dreivierteljahr haben wir so zusammengelebt.«

Chaos und Zufall beherrschten die erste Nachkriegszeit in Berlin. Nichts verlief wirklich planmäßig. Zufällig waren die Körners auf Bürgermeister Müller getroffen, zufällig ein alter Bekannter der Großmutter. Er hatte der Familie weitergeholfen. Unbürokratisch, spontan. Auch in der Auffangstelle in der Bölschestraße hatte man die Ankömmlinge hilfsbereit und freundlich aufgenommen. Auf der anderen Seite der Versuch des Polizisten in Erkner, Flüchtlingen den Zuzug nach Berlin zu verwehren. Eine gerade Linie im Umgang mit Flüchtlingen gab es nicht. Das gilt insbesondere für die Umsetzung des Befehls Nr. 15, den der Polizist im Südosten der Stadt offensichtlich befolgen wollte. Ein Bericht des Internationalen Roten Kreuzes mokiert sich über die Folgenlosigkeit von Shukows Anweisung: »Während Monaten war Berlin der Umschlagplatz für Flüchtlingstransporte, ungeachtet der Tatsache, dass die alliierte Kommandantur die Stadt für Flüchtlinge gesperrt hatte. In den Monaten Juli, August und September trafen täglich zwischen 25.000 und 50.000 Flüchtlinge in der Ruinenstadt ein. Sie wurden von der alliierten Kommandantura als nicht vorhanden betrachtet, da es eine militärische Eigenheit ist, erlassene Befehle ohne weiteres als ausgeführt anzusehen.«

Was hier in ironischer Überspitzung formuliert wurde, bedeutete für die neue Abteilung Ausgewiesene und Heimkehrer zusätzliche Arbeit. Der zuständige Referent beschwert sich in einem Papier vom September über das wirkungslose Verpuffen des Befehls Nr. 15. Es hätten konkrete Anweisungen erteilt werden müssen, um die Eisenbahntransporte und Trecks auf die Umgehungsstrecken und Landstraßen umzuleiten. Nichts dergleichen sei jedoch geschehen. »Im Übrigen fehlte jede zentrale Leitung.«

Um den Zustrom der Flüchtlinge nach Berlin wirkungsvoll einzudämmen, wäre es notwendig gewesen, mit den kommunalen Behörden entlang der neuen (wenn auch staatsrechtlich noch nicht ratifizierten) Ostgrenze zusammenzuarbeiten, insbesondere in Frankfurt an der Oder und in den deutschen Gemeinden vor Küstrin und Stettin. Hier kam das Gros der Vertriebenen über die Oder und wurde, wie in Berlin, zu einer immer größer werdenden Belastung für die Kommunen. Eine planvolle und ausgeglichene Verteilung der Masse von Menschen innerhalb der sowjetischen Besatzungszone wäre nur im Rahmen einer Gesamtkoordination von allen betroffenen regionalen Verwaltungen möglich gewesen. Im Juli kam es auch zu einem Treffen der zuständigen Referenten in der Stadt Brandenburg, um die Möglichkeiten eines solchen Gesamtkonzeptes zu erörtern. Doch neben anderen Tagungspunkten, beklagte der Berliner Vertreter, seien nur zehn Minuten Zeit geblieben, um zu dem Problem Stellung zu nehmen. So endete die Versammlung in dieser Hinsicht wirkungslos, und die jeweiligen Behörden waren weiterhin sich selbst überlassen. Eine koordinierte Zusammenarbeit der Berliner Stadtverwaltung mit den Kommunen an der Oder gab es auch zukünftig nicht. Dort hielt man daher an einer schnellen Weiterleitungspraxis fest.

Es blieb auch keine andere Möglichkeit. Die Polen brachten die

Auffanglager für Flüchtlinge. So wie hier waren die Menschen oft zu Hunderten in Hallen und Zelten in den Städten entlang der Oder zusammengepfercht.

Deutschen in Trecks mit polizeilicher Begleitung oder mit der Bahn bis an die Grenze – häufig sogar direkt nach Berlin. Und zwar nicht erst seit den Potsdamer Beschlüssen Anfang August, sondern bereits seit Mitte Mai.

In Schulgebäuden und riesigen Zeltlagern wurden die Vertriebenen in Cottbus, Frankfurt an der Oder oder Görlitz vom Roten Kreuz notdürftig versorgt. Aufnahmen der Wochenschauen zeigen Hunderte von Menschen unter einem großen Zeltdach. Auf Decken auf dem Boden liegend, das wenige Fluchtgepäck unter dem Kopf. Kaum eine Handbreit Platz zwischen ihnen. Unerträglich staute sich die schwüle Hitze der sumpfigen Oderregion unter der Zeltplane. Es war offensichtlich, dass die Menschen nicht längerfristig in den restlos überfüllten Auffanglagern bleiben konnten. Sie wurden daher schnellstmöglich weitergeschickt. Nach Berlin. Oft ohne das Wissen der Flüchtlinge.

»In Frankfurt an der Oder wurden wir zu einem Zug gebracht, der

Zug mit Flüchtlingen und heimkehrenden Soldaten in Berlin 1945.

uns weitertransportieren sollte. Alle stellten sich die bange Frage, wohin es wohl gehen würde. Diese Ungewissheit hat alle bedrückt. Ein paar Stunden später blieb der Zug stehen, und wir haben auf einem Schild gelesen: Lehrter Bahnhof.
Nach kurzer Zeit wurden die Wagen geöffnet, und dann hieß es: ›Alle aussteigen.‹« Der vierzehnjährige Kurt Tarrach kam aus Osterode in

Ostpreußen. Als seine Mutter mit ihren vier Kindern im Oktober aus Polen ausgewiesen worden war, hatte sie keinerlei Vorstellungen, wohin sie sich begeben sollte. Wie viele andere überließ sie sich den Anordnungen der Behörden. Nach Berlin kamen die Tarrachs nicht aus Eigeninitiative, sondern aufgrund einer Abschiebepraxis der Gemeinden an der Oder. Letztlich eine glückliche Fügung. »Auf dem Lehrter Bahnhof waren gleich Rote-Kreuz-Schwestern und Hilfspersonal mit weißen Armbinden zur Stelle. Sie halfen uns beim Aussteigen und wiesen uns den Weg zu einem Lager, wo wir untergebracht werden sollten. Zum Glück lag es nicht sehr weit entfernt, denn es war schon Abend, und wir konnten nicht mehr viel sehen. Schon bald standen wir vor einem Hochbunker, und es hieß: ›Hier könnt ihr bleiben.‹ Dann schickte man uns zum Waschen – wir waren nach der tagelange Reise ja vollkommen verschmutzt.«

Wie Kurt Tarrach erging es vielen Flüchtlingen. Manchmal trafen sie auch direkt aus Polen ein. Die Ausgewiesenen, die mit solchen Transporten nach Berlin kamen, waren meist ohne Angabe des Fahrtziels in die Waggons geladen worden. An der Grenze bei Guben, Frankfurt an der Oder, Küstrin oder Stettin waren lediglich die Lokomotiven ausgewechselt worden.

Von Berliner Seite konnten die Transporte weder verhindert noch gestoppt werden. Es blieb nichts anderes übrig, als die Ankömmlinge so weit es ging zu versorgen. Sie wurden auf dem Bahnhof empfangen, oft mit DDT-Pulver entlaust, das die Amerikaner lieferten, und dann in ein Lager gebracht. Doch allem Bemühen von Seiten der Behörden, die Vertriebenen nicht ihrem Schicksal zu überlassen, sondern sie in Berlin aufzunehmen und zu versorgen, waren Grenzen gesetzt. Obwohl sich die Zahl der Aufnahmelager bis Ende September auf 59 erhöhte und der Personalbestand der Abteilung Ausgewiesene und Heimkehrer noch einmal aufgestockt wurde, bekam die Stadt die Flüchtlingsversorgung nicht in den Griff. Es gelang zum einen nicht, den Zustrom von Flüchtlingen in ausreichendem Maße einzudämmen. Zum anderen konnten die Flüchtlinge nicht schnell genug weitergeleitet werden. Beide Faktoren führten zu einer drastisch steigenden Anzahl von Heimatlosen in Berlin. Die Versorgungskapazität der zerbombten Hauptstadt war am Herbstanfang schließlich überschritten. Den Statistiken der Abteilung

Ausgewiesene und Heimkehrer sind folgende Angaben zu entnehmen: »In Berlin trafen ein und wurden durchgeschleust: im Juli 537.300; August 382.359; September 220.971; Oktober 184.939.« Auf den ersten Blick sieht das nach einer deutlichen Verbesserung der Situation im Herbst aus, aber genau das Gegenteil war der Fall. Das liegt daran, dass sich die Lager schon in den ersten Monaten mit »Dauergästen« füllten, Menschen, deren Weiterleitung, die ja offiziell innerhalb von 24 Stunden vorgesehen war, sich oft um Wochen verzögerte. Sie belegten die Plätze, die eigentlich für die Neuankömmlinge hätten freistehen müssen. Die amtlichen Angaben über die monatlich zu versorgende Anzahl von Flüchtlingen belegen diese Entwicklung eindrucksvoll. Waren im Juli wie im August etwa 500.000 Personen – d. h. pro Tag gut 16.000 – zu versorgen, so erhöhte sich diese Zahl bis Oktober auf genau 974.471 Personen – also fast eine Verdoppelung. Die Stadt Berlin hatte sich nun um über 31.000 Menschen täglich zu kümmern. Das war nicht mehr zu bewältigen. Die Versorgungsengpässe häuften sich, immer öfter blieben Flüchtlinge unversorgt.

Die Missstände trafen nicht nur die Heimatlosen, sondern zerrten auch an den Nerven der beauftragten Sacharbeiter. Im amtlichen Schriftverkehr kam es zu peinlichen, noch deutlich vom nationalsozialistischen Denken geprägten Entgleisungen bei der Beschreibung des Flüchtlingselends: »Von den zahlreichen Flüchtlingen, aus denen unterwegs die körperlich, geistig-moralisch und beruflich Tüchtigsten in ihnen angemessenen Berufen aufgefangen werden, kommt im Allgemeinen nur der Bodensatz der Unbrauchbaren – Frauen, Kinder, alte Leute – bei uns an, so dass sich die Wanderung als Gegenauslese auswirkt.« Es handelt sich hier um den ersten Absatz eines Briefes aus dem Charlottenburger Rathaus an den Berliner Oberbürgermeister Dr. Werner, verfasst Anfang September. In ihm wird die Einrichtung einer Zentralstelle für Flüchtlinge angeregt, um die Bezirksbehörden vom Flüchtlingsproblem zu entlasten. Rat- und Hilflosigkeit angesichts der zu lösenden Aufgaben ziehen sich wie ein roter Faden durch das Schreiben.

»Immer wieder wird uns aus den Reihen der Flüchtlinge, wenn wir sie bestimmungsgemäß abweisen und zur Weiterreise anhalten, entgegengeschrien: ›Was sollen wir tun? Wohin sollen wir uns wenden?‹ … Wir schaffen dadurch, dass wir die Zustände nicht bereinigen, eine wurzellose, fluktuierende Masse, die begreiflicherweise an keinem Staat mehr interessiert ist, weil sie die Fürsorge des Gebildes, das sich ›Staat‹ nennt, nicht mehr in wünschenswertem Grade erfährt: Dieser Staat ist nicht imstande, ihr auch nur einigermaßen normale Lebensbedingungen bereitzustellen.«

Die für Charlottenburg geschilderten Zustände waren in anderen Bezirken kaum besser. Zwar heißt es in dem Antwortbrief, es werde eine zentrale Flüchtlingsstelle zumindest für die russische Besatzungszone errichtet werden und Berlin unternehme »trotz seiner Not nach besten Kräften alles, um eine Linderung herbeiführen zu können«, doch auch die größten Bemühungen mussten schließlich scheitern. Nicht allein wegen der Masse an Flüchtlingen, sondern auch aufgrund der Unüberschaubarkeit behördlicher Kompetenzen und der mangelhaften Kommunikation zwischen den mit der Flüchtlingsfrage betrauten Ämtern und Befehlsstellen: So beklagt sich die Abteilung Ausgewiesene und Heimkehrer in ihrem ersten Bericht vom September nicht nur darüber, dass sie wichtige Anordnungen der sowjetischen Kommandantur bezüglich der Flüchtlingsfrage »erst sehr spät« erfahre, sondern sie musste auch feststellen, dass ihre eigenen Anweisungen an die Bezirksverwaltungen »erst nach fünf bis sechs Tagen in den Dienststellen eintreffen«. Notwendige Instruktionen an die Lagerleitungen erreichten oft erst nach zehn Tagen ihr Ziel. Andersherum war es für die Abteilung oft nicht möglich, den Empfang von Flüchtlingstransporten gezielt vorzubereiten, da immer wieder unangekündigt Züge aus dem Osten auf den Berliner Bahnhöfen einrollten. Die Mitarbeiter mussten letztlich vor dem Kompetenzhickhack im Schienenwesen kapitulieren. Eine detaillierte Planung der Flüchtlingsversorgung war unmöglich. »Die Rückfrage bei der Reichsbahndirektion, ob es möglich sei, uns rechtzeitig von der Ankunft der Transporte zu unterrichten, wurde verneinend beantwortet, da die sowjetische Eisenbahndirektion das gesamte Eisenbahnwesen dirigiert.«

In dieser Situation war es für die Flüchtlinge immer weniger absehbar, wie ihr Aufenthalt in Berlin aussehen würde. Wurde man wie Kurt Tarrach bei der Ankunft in Empfang genommen und in ein Lager gebracht, oder musste man unversorgt auf der Straße kampieren? Der Zufall, wann, wie, wo man in Berlin eintraf und wann, wo, welche Flüchtlingsversorgung geboten wurde, bestimmte das Schicksal der Flüchtlinge in Berlin.

Ida Dahlke aus Ostpreußen zog ein schlechtes Los. Geboren wurde sie 1917 in Urfelde, einem Ort im litauischen Grenzgebiet, in der Nähe des berühmten Gestüts Trakehnen. Von dort, dem äußersten Osten des Deutschen Reiches, musste sie mit ihren Eltern und Verwandten schon im Frühherbst 1944 fliehen. Doch wie so viele Deutsche begriffen auch die Dahlkes nicht wirklich, dass der Krieg bereits verloren war. Sie flohen nur bis Preußisch Holland im südwestlichen Ostpreußen. Hier fühlten sie sich zunächst wieder sicher. Erst, als am 5. Februar über Lautsprecher die Durchsage der Sowjetarmee »Deutsche Soldaten, ergebt euch« zu hören war, packte die Familie die letzten Habseligkeiten auf einen Wagen, und die Flucht begann von neuem. Die Dahlkes zogen über das Frische Haff, wurden Anfang März von der Roten Armee überholt und blieben schließlich ein halbes Jahr in Dahmsdorf, im Kreis Bütow. Im September beschlossen sie, sich auf eigene Faust nach Deutschland durchzuschlagen. Nach tagelangem, beschwerlichem Fußmarsch erreichte die Familie den Bahnhof von Stettin.

»Und da haben wir gesehen, am nächsten Tag geht ein Zug nach Berlin. Eine andere Möglichkeit, nach Westen zu kommen, gab es nicht. Also haben wir den Zug genommen und sind Anfang Oktober auf dem Stettiner Bahnhof gelandet. Endstation, total zerbombt. Man sah nur Himmel, Trümmer und Menschen, Menschen, Menschen. Flüchtlinge, alles so herrenlose Hunde wie wir.« Und niemand war da, der sagte, wie es weitergehen sollte. Kein Militär, kein Rotes Kreuz und auch kein hilfsbereiter Berliner. »Wer sollte uns denn auch empfangen? – Der liebe Gott! Der hat uns nur gesagt: Da ist noch ein Platz an dieser ausgebrannten Bahnhofsmauer da drüben, da legt euch mal nieder. Und wir waren auch glücklich damit. Wir hatten es ja über die Oder geschafft, wir waren in Deutschland. Und da haben wir uns mit Sack und Pack an diese Mauer gelagert und geschlafen – so gut es sich da schlafen ließ.«

Die Zuversicht, dass es schon irgendwie weitergehen, dass das Leben irgendwann auch wieder normal verlaufen würde, schöpften Dahlkes in dieser ersten Nacht auf dem Stettiner Bahnhof allein aus ihrem Gottvertrauen. Dass sich bei ihrer Ankunft niemand um sie kümmerte, bezeugt das zahlenmäßige Missverhältnis zwischen den Helfern und den eintreffenden Flüchtlingen auf den Berliner Bahnhöfen. In den Genfer Archiven des Internationalen Roten Kreuzes befindet sich ein ausführlicher Bericht über die Arbeit der Bahnhofsmission in Berlin bis Ende November. Sie wurde von der Caritas, dem katholischen Mädchenschutzverein, der Inneren Mission und vom Roten Kreuz unterstützt und geleitet. Am Stettiner Bahnhof kamen – so ist in den Papieren zu lesen – neun Kräfte der Bahnhofsmission zum Einsatz. Eine hauptamtliche und acht ehrenamtliche. Angesichts der Flut der Ankommenden – hin und wieder trafen mehrere tausend Menschen an einem Tag auf einem der Bahnhöfe ein – konnten natürlich auch die größten Anstrengungen dieser wenigen Helfer nicht ausreichen, um die Flüchtlinge auch nur halbwegs angemessen zu versorgen. Es ist kaum vorstellbar, dass es sich bei der Bahnhofsmission um die einzige Organisation handelte, die die Vertriebenen im Empfang nahm. Aus den Genfer und Berliner Akten geht hervor, dass auch die Alliierten Truppen bei deren Ankunft auf den Bahnhöfen präsent waren. In welchem Ausmaß sie und andere Hilfsorganisationen die Arbeit der Bahnhofsmission unterstützen, lässt sich allerdings nicht mehr rekonstruieren. Fest steht, dass die Versorgung der Flüchtlinge bei ihrer Ankunft trotz aller Bemühungen oftmals nicht mehr gewährleistet war. Auch um Dahlkes kümmerte sich ja niemand. Dabei war der Stettiner Bahnhof mit den neun Mitarbeitern zumindest von Seiten der Bahnhofsmission außerordentlich gut besetzt. Am Bahnhof Lichtenberg kamen nur drei Helfer zum Einsatz, am Lehrter lediglich fünf. Nur am Anhalter Bahnhof wurde mit bis zu vierzehn Helfern deutlich mehr Personal eingesetzt als am Stettiner.

Die Schwierigkeiten, auf die die Helfer der Bahnhofsmission stießen, waren auf allen Bahnhöfen sehr ähnlich. Oft musste das Wasser für heiße Getränke und Suppen von weit entfernt liegenden Pumpen eimerweise herangetragen werden. Dann fehlten Kochstellen in ausreichender Zahl, und auch das Brennmaterial dafür zu beschaffen, war aufwendig. Von den Flüchtlingslagern in der Nähe der Bahnhöfe sollte Verpflegung bereitgestellt werden, doch geschah dies nur unregelmäßig und offenbar in zu geringen Mengen. Die Lebensmittel, die durch die Bahnhofsmission verteilt wurden, kamen in erster Linie aus Sammlungen innerhalb der kirchlichen Gemeinden Berlins. Trotz aller Widrig-

und Schwierigkeiten: das Engagement, der Wille zum Helfen war da. Nach Ankunft eines Flüchtlingszuges schritt eine Helferin den Bahnsteig ab, um alle Klein- und Kleinstkinder ausfindig zu machen, liest man in den Genfer Akten. Sie notierte sich genau, wo sie sich aufhielten, um sie zuerst mit Suppe zu versorgen. Dass Familien wie Dahlkes allein gelassen wurden, lag nicht an der Trägheit oder am Desinteresse der Hilfsorganisationen, sondern an deren mehr als bescheidenen Mitteln. Viele Flüchtlinge blieben auf sich allein gestellt. Der politische Berater der amerikanischen Militärregierung in Berlin, Robert Murphey, schilderte die Zustände in einem Telegramm nach Washington: »Allein auf dem Lehrter Bahnhof haben unsere Sanitätsdienststellen täglich im Durchschnitt zehn Menschen gezählt, die an Erschöpfung, Unterernährung und Krankheit gestorben sind. Sieht man das Elend und die Verzweiflung dieser Unglücklichen, spürt man den Gestank des Schmutzes, der sie umgibt, stellt sich sofort die Erinnerung an Dachau und Buchenwald ein. Hier ist Strafe im Übermaß – aber nicht für die Parteibonzen, sondern für Frauen und Kinder, die Armen und die Kranken ...« Murphey telegraphierte diese Nachricht am 12. Oktober in die USA – also in etwa zur gleichen Zeit, als Dahlkes am Stettiner Bahnhof ankamen. Ihr Schicksal war nicht die Ausnahme, sondern eher die Regel.

Der Stettiner Bahnhof lag auf dem Gelände um die heutige S-Bahnstation Nordbahnhof in Berlin-Mitte. Vom Bahnhof steht noch ein kleiner Teil vom linken Flügel des ehemaligen Eingangsbereichs. Die leeren Fensterhöhlen sind von innen mit großen Blechplatten versiegelt. Hier und da springen Reste der Wände mehrere Meter weit aus der Ruine hervor. Die Zimmer, die sie einmal umschlossen, sind nun ein Teil der großen Brachfläche hinter dem Bahnhof. Dort erkennt man zwischen dem Unkraut noch den Verlauf der alten Gleise, und es fällt beim Blick auf die Mauervorsprünge nicht schwer, sich die Familie Dahlke hier vorzustellen. Fröstelnd, unter freiem Himmel, im Herbst. Eng aneinandergeschmiegt, um sich gegenseitig zu wärmen. Ängstlich und besorgt, was nun geschehen soll. Die Augen halb geschlossen bei dem Versuch, ein wenig zu schlafen; dann doch immer wieder aufschreckend, den Blick sofort auf das Fluchtgepäck gerichtet. In den Mägen beißender Hunger und in den Köpfen die Sorge, woher man am folgenden Tag etwas zu essen bekommt. »Am nächsten Morgen dann Familienrat. Wie

Rote-Kreuz-Schwestern bei der Flüchtlingsbetreuung auf dem Lehrter Bahnhof.

geht es weiter? Wir wussten keine Antwort. Dann entdeckten wir, dass in einem Kellergewölbe gleich neben unserer Ruine Rübenblättersuppe verkauft wurde. Zehn Mark pro Teller. Wenn man noch einen Teller hatte. Wir besaßen noch einen gusseisernen, emaillierten Topf. Also kauften wir diese Suppe. Aber wie die schmeckte! Das reinste Brechmittel. Rübenblätter mit Wasser, sonst nichts. Kein Kartoffelstückchen, kein Salz und kein Pfeffer. Einfach Rübenblätter und Wasser. Kuhfutter. Nein, dann hungerten wir lieber.« Auch an ein Unterkommen in dem Kellergewölbe war nicht zu denken. Alles war mit Flüchtlingen voll bis zum Geht-nicht-mehr. Von einem Bahnhofsbeamten erfuhr Idas Vater zwar von einer Auffangstelle im britischen Sektor, doch auch da war eine Aufnahme wegen Überfüllung nicht möglich. Immerhin wurde die Familie in der Lehrter Straße in Moabit registriert und konnte sich so dort jeden Morgen ein Weißbrot abholen. »Ja, das kam von den Amerikanern für die Flüchtlinge. Aber an Kaffee oder Tee war nicht zu denken. Auch an Milch nicht. Das konnte man sich an die Wand malen und davon träumen.«

Der Familie Dahlke waren nach der Flucht weder Tassen noch eine Kanne geblieben. So lief Ida jedes Mal, wenn sie Durst hatte, auf die Bahnhofstoilette und trank aus dem Hahn. Auch in jenem Kellergewölbe, wo die Rübenblättersuppe ausgegeben wurde, war umsonst Wasser zu bekommen. Doch jeden Schluck musste man sich hier in einer langen, langen Schlange erstehen. Mit einfachsten, zum bloßen Überleben notwendigen Verrichtungen verging ein großer Teil des Tages. Sonst saß man am Bahnhof herum, hütete das Gepäck, wartete. Bei der Registratur war der Vater gefragt worden, wohin er mit seiner Familie wolle. Der Familienrat hatte entschieden, es sei das Beste, zu einem Schwager in die Nähe von Nürnberg zu ziehen. Nun fragten die Dahlkes jeden Morgen beim Brotholen bei der Flüchtlingsstelle in der Lehrter Straße, wann es denn nun in den Westen gehe. Offiziell galt noch immer die Anordnung vom Juli, Flüchtlinge hätten Berlin innerhalb von 24 Stunden wieder zu verlassen. Doch die Tage verstrichen, und nichts geschah. Ida Dahlke, ihre Eltern, ihre Schwester und ihre Schwägerin, dazu noch neun Kinder – das jüngste, der sechs Monate alte Manfred, war auf der Flucht zur Welt gekommen – lagerten schon eine Woche an der Mauer. Und der Herbst wurde kalt. Nieselregen setzte ein, und die ersten Herbstwinde fegten über die Ruinen hinweg. Noch immer gab es keine Transportmöglichkeit für die Dahlkes, und die Lager – sie blieben voll und boten keinen Platz mehr. Ida hat nie ein Berliner Lager von innen gesehen. Aber wenn sie hungrig und durstig an der Wand des zerstörten Bahnhofs kauerte, war sie überzeugt, dass dort paradiesische Zustände herrschen müssten.

Obdach auf Zeit

Wir erreichten den Stadtrand von Berlin bei Lichtenrade. Auf diesen Moment hatten wir lange gewartet, denn während wir unterwegs waren, hatten wir durch eine Art Flüsterpropaganda immer wieder gehört: Lichtenrade, das solle man sich merken. Da sei ein Lager, in das man gehen müsse. Es gäbe dort etwas zu essen und zu trinken, und man könne dort auch übernachten und würde entlaust. Wir fanden das Auffanglager sehr schnell. Es bestand aus mehreren Baracken, die von einem hohen Stacheldrahtzaun umschlossen waren. Auf den ersten Blick erinnerte es an ein Gefängnis und sah nicht sehr einladend aus. Wir schlossen uns aber den anderen Flüchtlingen an und gingen durch das große, weiße Eingangstor hinein.«

Dem zehnjährigen Werner Pflughaupt pochte vor Aufregung das Herz. Er war nun in einem Lager. Aber was war das für ein Ort, ein Lager? Was würde hier mit ihm und seiner Familie geschehen? Um ihn herum herrschte reger Betrieb. Flüchtlinge zogen mit ihren Wagen zu den Baracken, die ihnen als Quartier zugewiesen worden waren. Hilfspersonal vom Roten Kreuz zeigte ihnen den Weg. Kinder liefen umher. Werners Mutter stellte sich mit ihren Kindern in eine Schlange, die in eine der Baracken nahe am Eingang führte. Hier saß hinter einem großen Schreibtisch ein Beamter, nahm die Personalien der Neuankömmlinge auf und teilte ihnen einen Schlafplatz zu.

Als Werner die ihm und seiner Familie zugewiesene Baracke betrat und die Etagenbetten erblickte, glaubte er zunächst zu träumen. Auf jedem Bett lagen ein Strohsack und ein weißes Laken. So etwas hatte er seit langem nicht mehr gesehen. Er hätte sich wohl auch gleich ins Bett gelegt, wenn ihm nicht ein köstlicher Geruch von der Küche her in die Nase gestiegen wäre. »Bringen Sie ihre Sachen in den Schlafsaal, und gehen Sie dann essen«, hatte eine Rote-Kreuz-Schwester bei der Registratur zu Werners Mutter gesagt. So gingen die Pflughaupts zunächst in einen großen, lang gestreckten Raum, an dessen hinterem Ende Suppe ausgeteilt wurde. »Ich war zwar völlig ausgehungert, aber ich zögerte doch, mir mein Essen zu holen. Kein Wunder, überall, wo wir auf unserer Flucht hingekommen waren, hatten man die Türen zugemacht oder gar nicht erst geöffnet. Wir waren unerwünscht, das hatten wir auf jedem Bauernhof gemerkt, wo wir gebettelt hatten. Wir besaßen ja auch kein Geld mehr oder irgendwelche Dinge wie Zigaretten oder Schmuck, die wir hätten eintauschen können. Da war es für mich natürlich fast befremdlich, als wir in Lichtenrade geradezu mit offenen Armen aufgenommen wurden. Wir brauchten keine Angst mehr zu haben, gleich wieder fortgejagt zu werden, sondern durften uns an einen schönen langen Tisch setzen und bekamen etwas zu essen. Das war natürlich ein Ereignis. Wir hatten ja wochenlang nichts Warmes mehr gegessen, und nun gab es eine rötlich-braune Suppe aus Dörrgemüse. Die hat unwahrscheinlich gut geschmeckt, und es gab auch einen Nachschlag, und auch der Nachschlag war gut.«

Völlig erschöpft und zerschunden, mit Furunkeln und Ekzemen am Körper erreichten die meisten Vertriebenen das Lager. Bald nach ihrer Ankunft wurden sie von einem Lagerarzt untersucht, denn es war wichtig zu verhindern, dass sich durch die Neuzugänge Krankheiten wie Tuberkulose, Ruhr oder Typhus im Lager verbreiteten. Werner Pflughaupt erinnert sich noch gut an die Spritze, die ihm der Arzt in die Brust gab: »Es tat sehr weh, aber sie war gegen Typhus.« Endlich konnten sich die Flüchtlinge auch wieder waschen, und ihre Kleider wurden gereinigt. Allmählich begannen die Pflughaupts sich wieder wie Menschen zu fühlen.

Über drei Wochen war Werner Pflughaupt mit seiner Mutter, seinen drei Geschwistern, einer Tante und der Großmutter unterwegs gewesen, als er im Juni das Lager am Töpchiner Weg erreichte. Am 20. Mai war die Familie aus Schluckenau in Nordböhmen vertrieben worden. Innerhalb weniger Stunden mussten die Einwohner ihre Häuser verlassen. Ein wenig Handgepäck durften sie mitnehmen, kein Geld aber und keinen Schmuck. Nach der Ausweisung wurden die Pflughaupts in einem Güterzug fünf Tage lang im Zickzackkurs zwischen Deutschland und der Tschechoslowakei hin und her geschickt. Zu guter Letzt wurde die Lokomotive einfach abgekoppelt, die Wagen standen irgendwo im

Feld bei Elsterwerda in Sachsen. Die Vertriebenen waren sich selbst überlassen. Wie so viele entsannen sich nun auch die Pflughaupts ihrer Verwandtschaft in Berlin. Eine Tante wohnte dort. Bei ihr wollte man zunächst unterkommen.

Gut zwei Wochen später näherte sich die kleine Gruppe dem südlichen Stadtrand. Doch niemand von den Pflughaupts kannte sich in der Reichshauptstadt aus. Sie hatten Sorge, sich auf der Suche nach dem Wohnort der Tante im großen Berlin zu verlieren. Auf keinen Fall wollte die Mutter das Risiko eingehen, mit Werners beiden kleinen Brüdern tagelang durch die Straßen zu irren. Die beiden Jungen, zwei und vier Jahre alt, waren nach den langen Fußmärschen völlig erschöpft. Man beschloss also, dem Ratschlag der anderen Vertriebenen zu folgen und ins nahe Lichtenrade zu wandern. Dort wollte man zunächst wieder etwas zu Kräften kommen.

Von den Baracken des Lagers, in dem die Pflughaupts damals aufgenommen wurden, existieren noch drei. Unscheinbare, neu verputzte Flachbauten. Eine Elektrofirma hat hier heute ihren Sitz. In den ehemaligen Speisesälen stehen schwere Arbeitstische mit Schraubstöcken, Drehbänken und Stanzen. Die Räume wirken eng und verwinkelt. Niedrig sind die Decken. Schwer vorstellbar, dass hier die Tische standen, an denen sich Werner erstmals seit der Vertreibung wieder satt essen konnte. Die Gebäude mit den Schlafsälen sind abgerissen. Die drei übrig gebliebenen, hufeisenförmig gruppierten Baracken sind inzwischen durch Anbauten miteinander verbunden. Eng muss es in ihnen gewesen sein, sehr eng. Doch Werner Pflughaupt fühlte sich hier wohl. In Lichtenrade hatten er und seine Angehörigen zunächst einmal ein Obdach gefunden. Sie hatten einen Schlafplatz und etwas zu essen. Das allein zählte. Da störte es den Jungen wenig, dass die Räume mit Menschen überfüllt waren, dass jede Ecke zugepackt war mit Säcken und Koffern und die Luft in den flachen Gebäuden heiß und verbraucht war. Es war ihm auch egal, dass er das Lager nicht verlassen durfte. So saß er eben vor den Baracken und spielte im Sand oder hörte seiner Mutter zu, wenn sie den kleinen Brüdern eine Geschichte erzählte. »Das Leben im Lager war natürlich eher langweilig, und wir Kinder haben die Stunden gezählt. Aber wie schön war das im Vergleich zu den Ereignissen der Wochen zuvor! Die Erwachsenen machten sich mehr Sorgen als wir

Flüchtlingsbaracke in Marienfelde, 1945.

Kinder, weil sie immer an die Zukunft dachten. Aber sie hatten auch mehr Ablenkung, da sie dem Lagerpersonal helfen mussten. Sie schälten Kartoffeln, schnitten und verteilten Brot, spülten das Geschirr. Soweit sie konnten, gingen sie auch den Krankenschwestern zur Hand, brachten Bettlägerigen das Essen zum Krankenlager oder halfen beim Anlegen von Verbänden.«

Vor den Flüchtlingen waren Zwangsarbeiter in den Baracken am Töpchiner Weg untergebracht gewesen. Es war nicht an der Zeit, daran moralisch Anstoß nehmen zu wollen. Berlin musste handeln und die Vertriebenen irgendwo unterbringen. Lager konnten in der zerstörten Stadt ja nicht schnell und einfach errichtet, sondern lediglich eingerichtet werden: in alten Schulen, Kasernen, Bunkern, Fabrikgebäuden und eben in den plötzlich leer stehenden Lagern des nationalsozialistischen Terrorregimes. Eine der größten Unterkünfte für Vertriebene und Heimkehrer lag kurz hinter dem westlichen Stadtrand von Berlin in Falkensee – eine ehemalige Außenstelle des Konzentrationslagers Sachsenhausen. Hier steht noch eine einzige Baracke als Teil einer Gedenkstätte und gemahnt an die Barbarei des Dritten Reiches. Doch sie erinnert zugleich auch an die Folgen des Rassenhasses und Herrenmenschentums, die Millionen von Deutschen durch Flucht und Vertreibung zu tragen hatten. Schuldige wie Unschuldige »Němci ven! Deutsche raus!« Werner Pflughaupt hatte die Worte noch im Ohr, als er in Berlin eintraf.

»Zwei Nächte und drei Tage blieben wir in Lichtenrade, und jeder hatte das Gefühl, eine gewisse Geborgenheit gefunden zu haben. Wir gewannen immer mehr Zuversicht und hatten den Eindruck, dass wir an einem neuen Anfang stünden.« Länger als drei Tage aber durften die Pflughaupts in dem Lager am Töpchiner Weg, das sie so fürsorglich aufgenommen hatte, nicht bleiben. Aus dem brandenburgischen Umland kamen immer neue Heimatvertriebene nach Lichtenrade, und es gab nicht genügend Platz für alle. Angesichts dieser Situation galt der Grundsatz, vordringlich die Neuankömmlinge zu versorgen, denn sie waren die Schwächsten und Hilfsbedürftigsten. So fassten die Pflughaupts den Entschluss, sich auf den Weg zu ihrer Verwandten zu machen. Das medizinische Personal am Töpchiner Weg befand allerdings, dass vor allem die beiden kleinen Brüder Werners noch etwas Erholung nötig hätten und stellte eine Einweisung für ein nahes Lager des Roten Kreuzes in Marienfelde aus. Dort aber zeigte sich, dass es zwischen den beiden Lagern keine Abstimmung gab. Das Lager in Marienfelde war heillos überfüllt, und die Pflughaupts konnten nur für eine Nacht provisorisch untergebracht werden. Notgedrungen hatten sie sich so am nächsten Tag auf den langen Fußmarsch zu Werners Tante in der Linienstraße in Berlin-Mitte zu machen.

Wo genau in Marienfelde sich das DRK-Lager befand, daran kann sich Werner Pflughaupt heute nicht mehr erinnern. Kleiner als das Lager in Lichtenrade sei es aber gewesen. In dem vom Magistrat erstellten Verzeichnis der Berliner Lager sind für Marienfelde nur die Daimler-Baracken in der Buckower Chaussee erwähnt. Mit einer Aufnahmekapazität von 800 Personen war dieses Lager aber weitaus größer als die für Lichtenrade verzeichneten. Die Unterkunft von Werner Pflughaupt am Töpchiner Weg ist auf der Liste allerdings überhaupt nicht aufgeführt. Trotz seiner Lückenhaftigkeit aber verschafft das Verzeichnis einen generellen Überblick über die Verteilung und Größe der in Berlin existierenden Lager: In allen Berliner Bezirken gab es Aufnahmemöglichkeiten für Heimatlose. Sie unterstanden den Bezirksämtern. Im Durchschnitt konnten sie zwischen 300 und 1.500 Menschen beherbergen. Eine markante Ausnahme war das Flüchtlingslager in den ehemaligen Kasernen in der Moabiter Kruppstraße. Hier konnten 10.000 Menschen unterkommen. In unmittelbarer Nachbarschaft, in der Lehrter- und der Invalidenstraße, befanden sich zudem Unterkünfte mit insgesamt 4.200 Plätzen, so dass in Moabit, sozusagen um die Ecke vom Lehrter Bahnhof, regulär knapp 15.000 Flüchtlinge untergebracht werden konnten.

Auf der Liste werden die Lager in vier Kategorien unterteilt: 1.) Lager für Heimkehrer, also für aus der Kriegsgefangenschaft entlassene Wehrmachtssoldaten. 2.) Lager für »jüdische Umsiedler«. Der euphemistische Begriff bezeichnete sowohl die Juden, die vor neuen Pogromen in Polen fliehen mussten, als auch diejenigen, die den Holocaust in den Konzentrationslagern oder im Untergrund überlebt hatten und nun ohne Heimat und ohne jede Habe waren. Für die Heimatvertriebenen aus den ehemaligen deutschen Ostgebieten schließlich waren zwei Lagertypen relevant: 3.) Auffanglager und 4.) Durchgangslager.

Über den Sinn dieser Differenzierung der Flüchtlingslager gibt ein Bericht des Internationalen Roten Kreuzes Auskunft: »Schematisch gesehen – und jede Schematik kennt im heutigen Deutschland beträchtliche Abweichungen –, kommt der Heimatvertriebene zuerst in ein Auffanglager, wo er desinfiziert wird und nach den Vorschriften nur kurze Zeit bleiben sollte. Er kommt darauf in ein Lager, wo er verbleibt, bis sein Siedlungsgebiet festgestellt ist.« Eben in ein Durchgangslager. Die Grundidee dieses Zweistufensystems bestand darin, den ersten Ansturm der Flüchtlinge in den Auffanglagern abzufangen und zu bündeln, um die weitere Versorgung dadurch zu erleichtern und planmäßiger durchführen zu können. Wie aber der ironische Unterton des Berichts bereits verrät, war die Unterscheidung der beiden Lagertypen in der Praxis wenig relevant. In dem Verzeichnis des Magistrats wird auch nur ein einziges kleines Lager für 150 Personen in der Frankfurter Allee in Lichtenberg ausdrücklich als Auffanglager ausgewiesen. Angesichts der großen Zahl von Vertriebenen, die mit Zügen in der Stadt eintrafen, wäre eine Kategorisierung der Lager auch völlig verfehlt gewesen. Die Menschen wurden je nach Platzangebot einfach zur nächstgelegenen

Magistrat der Stadt Berlin Berlin SO 16, Am Köllnischen Park 3
Hauptamt für Sozialwesen Fernruf: 67 64 51, App. 279
- IV B/2 - Ku/Te

Umsiedlerlager
sämtlicher Verwaltungsbezirke

Lfd. Nr.	Bezirk u. Lager	Fernruf/App.	Kapazität	Bemerkungen
1	Mitte Gormannstr. 22	42 7264 x 42 6932	175	Durchgangslager
2	Tiergarten Kruppstr. 1-10 Lehrter Str. 58 Invalidenstr. 56a	39 4454/294 x 32 2550 32 2550 39 4454/294	10000 1200 3000	für Heimkehrer
3	Wedding Pankstr. 28-30 Iranische Str. 3	46 0863 46 2801 x 46 1584	500 400	für jüd. Umsiedler
4	Prenzlauer Berg Greifswalder Str. 34-35 Greifenhagener Str. 58 Nordmarkstr. 15	42 4616 x 55 2870 55 2870 x 42 1615/75	750 250 400	Entlausungsanst. u. Durchgangslager
5	Friedrichshain Am Schlesischen Bhf. (Hochbunker) Plaza-Theater	55 2544 x 55 0011/ 22286	630	a) Stadtbahnbogen, Madaistr. für Heimkehrer
6	Kreuzberg Fichtestr. 4-12	66 8356 x 66 1763	1500	a) Hasenheide 32/38 (Orpheum)
7	Charlottenburg	32 0441/408		
8	Spandau Pionierstr. Egelpfuhlweg 7-8	37 0011/193 x 37 0011/281 x 37 0011/280	1700 800	
9	Wilmersdorf	32 2214		
10	Zehlendorf Leuchtenburgstr. Wannsee, Am Sandwerder 37	24 4397/386 80 6160/386 x 80 5275	350) 200)	a) Zehlendorf, Königstr. 1 c

Anmerkung: x = Lager hat eigenen Anschluß
a) Registrierung
Heimkehrer = entlassene Kriegsgefangene

Erste Seite des Verzeichnisses der Berliner Flüchtlingslager aus den Akten der Abteilung Ausgewiesene und Heimkehrer.

Unterkunft gebracht, von wo sie Tage, manchmal erst Wochen später Berlin wieder verließen.

Ob Auffang- oder Durchgangslager, für die Flüchtlinge selbst war ohnehin nicht der Typ, sondern der Standort des Lagers entscheidend. Zumindest für diejenigen unter ihnen, die nach Berlin kamen, um von hier aus weiter nach Westdeutschland zu gelangen. So wie die Familie Müller aus Rastenburg in Ostpreußen. Der dreizehnjährige Werner kam mit seiner Mutter und drei Geschwistern mit einem von Rote-Kreuz-Schwestern begleiteten Zug aus Stettin in Berlin an. Die Vertriebenen wurden gleich zu einem Lager geführt. Werner hatte eine so große Stadt noch nie gesehen. In dem Häusermeer verlor er schnell die Orientierung. Wo war er? In der Nähe des Zentrums? War vielleicht das berühmte Olympiastadion nicht weit? Hatten hier die großen Nazis gewohnt? Erst später erfuhr der Junge, dass die Familie im Bezirk Prenzlauer Berg, im Ostsektor untergekommen war, was sich bald als Problem erweisen sollte.

Das Lager befand sich in einem mehrstöckigen Wohnhaus. Die Müllers bekamen ein Zimmer mit vier Betten zugewiesen, so dass sie zusammenbleiben konnten und einen eigenen kleinen Bereich für sich hatten. An die Wand des Zimmers hatte jemand ein großes Brot gemalt. »Wie hungrig muss dieser Mensch gewesen sein?«, dachte Werner traurig. Doch den Müllers ging es nicht allzu schlecht in ihrer vorläufigen Bleibe. Kurz nach der Ankunft erhielten sie eine dünne Suppe mit Brot. Anschließend wurden sie in einem gekachelten Raum gründlich entlaust. »Männlein und Weiblein mussten sich nackt ausziehen und wurden dann mit einem Desinfektionsmittel besprüht. Die Kleider wurden zur Reinigung in einen Ofen gesteckt. Wir waren natürlich sehr froh, bald wieder saubere Kleidung am Leib tragen zu können. Aber diese Ofenreinigung war so heiß, dass uns unserer Kleider danach nicht mehr passten. Zum Glück bekamen wir neue Sachen aus einer Kleiderspende. Meine Schwester erhielt ein Jäckchen aus den zwanziger Jahren.« Die Familie war froh, ihre Lumpen los zu sein. Fürs Erste war sie mit der Ankunft in der Reichshauptstadt zufrieden.

Die Müllers waren aber nach Berlin gekommen, um weiter in den Westen zu reisen, und nun stellte sich heraus: von dem Lager in Prenzlauer Berg aus war das nicht möglich. Aus dem russischen Sektor der

Stadt wurde man nämlich nur in die sowjetische Besatzungszone weitergeleitet. Die Familie blieb daher nur zwei Tage in dem Haus in Prenzlauer Berg, denn für sie war es beschlossene Sache, nach Hessen weiterzureisen. »Also mussten wir unsere Unterkunft verlassen und ein Lager im Westsektor suchen. Wir trauten uns aber nicht, zum Lagerleiter zu gehen und zu fragen, wohin wir uns wenden sollten. Wir hatten Angst, er könnte uns nicht gehen lassen. So verließen wir still und heimlich das Lager und versuchten, uns alleine durchzufragen.« Das aber war schwerer als erwartet. Jeder Passant, den man ansprach, machte einen anderen Vorschlag. »Gehen Sie hierhin«, sagte der eine. »Nein, dorthin«, der andere. Maria Müller, eine von den Strapazen der letzten Monate gezeichnete Frau mit Herzproblemen und Wasser in den Beinen, kannte sich in Berlin nicht aus. Und ein Stadtplan war ja auch nicht am nächsten Kiosk um die Ecke zu erstehen. So irrte sie mit ihren Kindern zwei Tage durch die Stadt – von Prenzlauer Berg nach Moabit! Ein Weg, für den man zu Fuß normalerweise nicht einmal zwei Stunden benötigt. Werner verlor jedes Raum- und Zeitgefühl. Der immer gleiche Anblick der vielen zerstörten Häuser, die Schuttberge, die Trümmerfrauen in den Ruinen. Es kam ihm vor, als ginge die Familie im Kreis. Wie in einem Traum, in dem man immerzu läuft, aber nicht von der Stelle kommt. Unwirklich, flüchtig wirkte alles, was er sah. Verängstigt und Halt suchend, blickte er immer wieder zu seiner Mutter oder auf den Boden. Die Reichshauptstadt nahm er nur in einzelnen, unverbundenen Bildern wahr. Einmal starrte er hinauf zu den überlebensgroßen Porträts von Stalin, Lenin und Ernst Thälmann, die in den Straßen des Ostsektors aufgestellt waren. Ein andermal blieb sein Blick an einem Plakat hängen, auf dem die merkwürdige Botschaft zu lesen war: »Die Erfahrungen der Geschichte besagen, dass die Hitler kommen und gehen, aber das deutsche Volk, der deutsche Staat bleibt. – Stalin.« Gegen Abend begannen die Zweifel, ob es richtig gewesen war, das Lager in Prenzlauer Berg zu verlassen. Werner bemerkte, wie seine Mutter zunehmend den Mut verlor. Die Müllers hatten den ganzen Tag über fast nichts gegessen, und noch immer wussten sie nicht, wohin sie überhaupt gehen sollten. Als es bereits dämmerte, folgte Maria Müller dem Rat eines Berliners, mit ihren Kindern in einer U-Bahnstation zu übernachten. Geschwächt vom langen Marschieren, mit zitternden Knien und knurrendem Magen stieg Werner hinter seinen Geschwistern in den dunklen Schacht hinab. Stimmengewirr, schwaches Lichtgeflacker und der warme Dunst abgestandener Luft schlugen ihm entgegen. In den Gängen und auf den Bahnsteigen breitete sich eine bizarre Untertagewelt des Elends vor ihm aus. Jeder Zentimeter des Bodens war belegt mit Flüchtlingen und Obdachlosen. Im Dämmerlicht der notdürftigen Beleuchtung schmolzen die Menschen zu großen, dunklen Flecken zusammen. Da entdeckte Werner zwei Frauen, die eine Schüssel mit Brühe in den Händen hielten. Es wurde hier also Essen verteilt! Zum ersten Mal an diesem Tag spürte Werner so etwas wie Freude in sich aufsteigen. Die Müllers suchten sich ein kleines freies Plätzchen, dann machten sie sich augenblicklich auf die Suche nach der Essensausgabe. Die dünne Brühe wirkte wie ein Schlafmittel auf den völlig erschöpften Werner. Bald schlief er ein und vergaß den etwas unheimlichen Ort, an den es ihn und seine Familie am Ende dieses langen, anstrengenden Tages verschlagen hatte.

Am kommenden Morgen setzte die Familie ihre hilflose und desorientierte Suche nach einem Flüchtlingslager im Westsektor fort. Als sich der Hunger zurückmeldete und langsam unerträglich wurde, sah Werner an einer Straßenkreuzung einen amerikanischen Soldaten stehen. Da nahm er seinen ganzen Mut zusammen und trat auf ihn zu. »Mit meinen paar Brocken Englisch bettelte ich um ein wenig Brot. Aber der Soldat blieb ganz militärisch und kühl, und die Antwort war ›No‹.«

Die Odyssee endete schließlich in den ehemaligen Kasernen in der Kruppstraße 2–4, dem größten Lager der Stadt, im britischen Sektor. Die Müllers erfuhren, dass sie sich, wollten sie von hier aus in den Westen weitergeleitet werden, registrieren lassen mussten. Dafür hatten sie sich in einen großen, roten Backsteinbau in der Lehrter Straße zu begeben. Er steht heute noch, direkt neben der Justizvollzugsanstalt. Das Amtsgericht Moabit hat hier seine Büros und Verhandlungsräume. Es herrscht eine unterkühlte Atmosphäre. Über den alten Türen sind quadratische Nummerntäfelchen angebracht. In den Gängen mit ihren ganz und gar kahlen Wänden stehen dunkle Holzbänke und schlichte Tische. Sachlichkeit und ein Sinn für größtmögliche Ordnung prägen das Ambiente. Es atmet den Geist behördlicher Strenge. »In diesem Gebäude standen am 22. 9., einem Samstag, viele, viele Leute Schlange

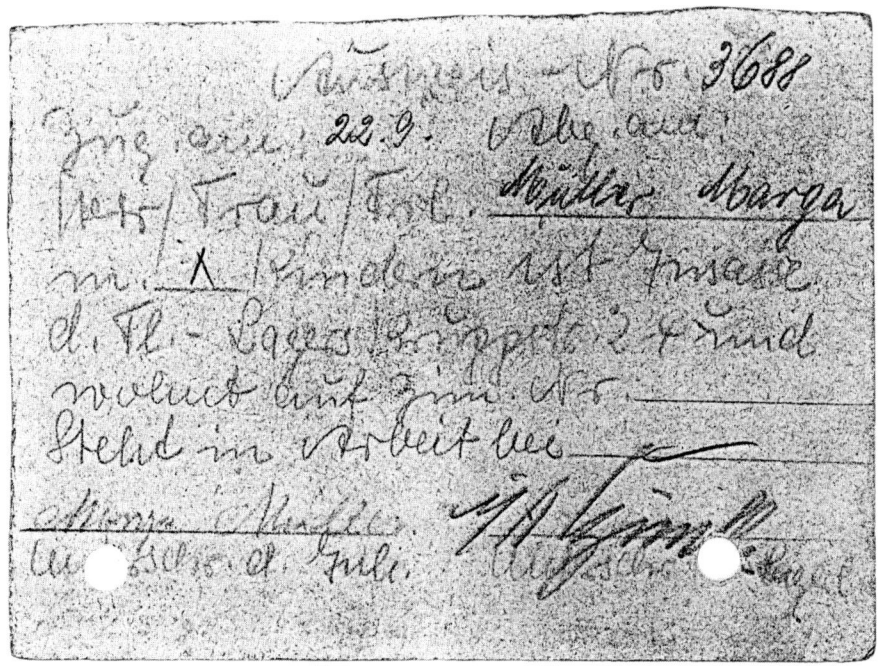
Lagerausweis für das Lager Kruppstraße von Marga Müller, der Schwester von Werner.

und warteten auf ihre Registratur. Hier wurde jede Person erfasst und nach ihrem Zielort im Westen gefragt. Kinder, die unter vierzehn Jahre alt waren, wurden in die Kartei ihrer Eltern aufgenommen. Schließlich erhielt man den Lagerausweis, die so genannte Aufnahmenkarte. Das dauerte alles sehr lange.«

Werner hockte neben seiner Mutter auf der Treppe und langweilte sich. Es wurde nicht viel gesprochen unter den Wartenden. Die anderen Flüchtlingskinder drückten sich zumeist eng an ihre Mütter. Väter gab es nur wenige. Da fiel Werners Blick durch die gesprungene Glasfront des Treppenhauses auf das große Oval des Poststadions. Diese Entdeckung war für den dreizehnjährigen Fußballfan aus der ostpreußischen Provinz natürlich eine Sensation. »Das war das erste Mal, dass ich so ein großes Stadion gesehen habe. Bei uns in Rastenburg hatten wir natürlich auch etwas, was sich Stadion nannte, aber das war viel, viel kleiner. Ich lief gleich nach draußen und schaute mir das Gelände aus der Nähe an. Alles schien mir so riesig. Mir wurde ganz schwindelig, als ich mir vorstellte, wie viele Zuschauer wohl auf die Ränge passten, und ich wünschte mir, auch einmal in einem so schönen Stadion zu spielen.«

Der Begeisterung folgte die Ernüchterung, als Werner Müller mit seiner Mutter und seinen Brüdern nach der Registratur im Lager in der Kruppstraße einquartiert wurde. Die Kasernenbauten waren mit Flüchtlingen restlos überbelegt, so dass die Lagerleitung gezwungen war, die Menschen auch in den alten Pferdeställen unterzubringen. Die Müllers wurden zum Stall 7 geführt. In dem langen, zugigen Raum standen weder Betten noch sonst etwas. Wer keine eigene Decke hatte, musste auf dem blanken Betonboden liegen. Werner Müller und seine Familie traf es besonders schlimm. Sie waren Neuankömmlinge und bekamen daher den schlechtesten Platz direkt neben der Tür zugewiesen. So lagen sie im Durchzug, und Werner bangte, dass seine angegriffene Mutter ernsthaft erkranken könnte. »Gott sei Dank war es ein recht freundlicher Herbst, sonst hätten wir die erste Woche vielleicht gar nicht überlebt. Später, als dann einige Leute aus dem Stall das Lager verließen, rückten wir auf und packten unsere Sachen an eine bessere Stelle. Wir sammelten Laub und bauten uns damit ein kleines ›Nest‹. So schliefen wir etwas weicher und wärmer.«

Im Lager in der Kruppstraße fehlte es wirklich an allem, selbst an Tellern für die tägliche Suppe. Und die Müllers hatten kein Geschirr über die Flucht retten können. Doch Not macht erfinderisch. »Auf dem Gelände lagen von der Wehrmacht noch viele von diesen Blechbehältern für die Gasmasken herum. Die hoben wir auf und benutzten sie als Napf. Die Suppe schmeckte scheußlich daraus, denn die Büchsen rochen noch nach dem Gummi der Gasmasken. Aber wir haben fast vier Wochen aus diesen Dingern essen müssen, bis wir in einer Ruine in der Nähe des Lagers eine alte Waschschüssel fanden. Die haben wir mit Sand ausgerieben, und dann hat die ganze Familie aus dieser einen Schüssel gelöffelt. Unter solchen Umständen lebten wir acht Wochen in diesem Stall.«

Erst gegen Ende ihres Aufenthaltes in der Kruppstraße durften die Müllers ihr Quartier in dem Pferdestall verlassen. Die letzte Woche vor ihrer Weiterleitung nach Westdeutschland verbrachten sie im ehemaligen Offizierskasino, in dem ausschließlich Mütter mit Kindern untergebracht waren. Hier empfand Werner das Lagerleben richtiggehend als

Erholung. Die Räume waren geheizt, das war die größte Sensation, und dazu gab es Betten, dreistöckige Gestelle aus Holz mit kistenartigen Schlafstätten. Und was noch besser war: am Kopfende des Saales befand sich eine Theke, und hier wurde tatsächlich für ein paar Pfennige Kartoffelsalat verkauft! Werner hätte diesen wunderbaren Ort, von dem er während der langen vorausgegangenen Lagerwochen nichts gewusst hatte, am liebsten nie wieder verlassen.

Das Kasinogebäude, ein flacher Bau am westlichen Rand des Geländes, steht noch heute. Die Pferdeställe dagegen wurden abgerissen. Wo sie standen, ist heute ein Sportplatz. Er gehört zur Polizeidirektion 3, die in den alten Gebäuden parallel zur Kruppstraße untergebracht ist. Mächtige, lang gestreckte Häuser, die 1879 für das 1. Gardefeldartillerieregiment des Deutschen Reiches gebaut wurden. In den ehemaligen Schlafsälen der Soldaten befinden sich heute Büros, Einsatzzentralen und Aufenthaltsräume. 1945 war hier, im wahrsten Sinne des Wortes, alles voll gestopft mit Flüchtlingen. Das Lager hatte zwar eine Aufnahmekapazität von immerhin 10.000 Menschen, doch das reichte hinten und vorne nicht aus. Denn nicht nur die Ankömmlinge vom Lehrter Bahnhof wurden hier einquartiert. Das Lager war auch bei all denjenigen Heimatlosen, die wie Maria Müller und ihre Kinder in den Westen Deutschlands wollten, eine begehrte Adresse. Die Abteilung Ausgewiesene und Heimkehrer musste daher schon im September feststellen: »Es dauerte nicht lange, so waren die Unterkünfte im Bezirk Moabit überfüllt, und unhaltbare Zustände traten ein, da diese alten Kasernen, die zum großen Teil zerstört sind, ohne Fenster und Betten, Stroh etc. für so viele Personen nicht eingerichtet waren.« Auf Anordnung der britischen Verwaltung musste eine »Auflockerung« vorgenommen werden, und ca. 1.600 Personen wurden vom Hauptamt für Sozialwesen in andere Bezirke und Lager »abgeleitet«. Derartige Aktionen konnten die Situation aber lediglich kurzfristig verbessern. In der Kruppstraße waren auch weiterhin Hunderte von Flüchtlingen gezwungen, auf dem Boden zu schlafen. In Ställen, Fluren, Treppenhäusern, Kellergewölben. Wo immer sich eine Lücke fand, ließen sich die Leute nieder. Flüchtlingssack neben Flüchtlingssack, obenauf Kinder als Aufpasser, Hüter der letzten Habe.

Die Vertriebenen reagierten ganz unterschiedlich auf ihre Situation.

Einige waren dem Verzweifeln nahe, andere ertrugen die Zustände mit Fassung, gar mit Optimismus. So etwa die Familie Baumgart, die sich zur gleichen Zeit wie die Müllers im Lager Kruppstraße aufhielt. Sie war in einem der Hauptgebäude untergebracht und hatte im Gegensatz zu den meisten anderen Flüchtlingsfamilien das große Glück, den Vater bei sich zu haben. Laut offiziellen Statistiken waren gut fünfzig Prozent der Flüchtlinge aus den ostdeutschen Provinzen Frauen, vierzig Prozent Kinder. Die restlichen zehn Prozent setzten sich aus Alten und wenigen Männern zusammen. Beim Anmarsch der Roten Armee waren die noch übrig gebliebenen Männer und Jungen ab fünfzehn Jahren zur Volksfront befohlen worden. Viele von ihnen fielen bei den aussichtlosen Versuchen, die Heimat zu verteidigen, andere gerieten in Kriegsgefangenschaft; nur wer sich dem sinnlosen Kampfbefehl des ostpreußischen Gauleiters Koch entzogen hatte, konnte gemeinsam mit Frau und Kindern flüchten. Noch am Ufer des Frischen Haffs kontrollierten Wehrmachtssoldaten die Flüchtlingstrecks und schickten jeden noch irgendwie kampftauglichen Mann an die Volksfront. Dem Vater von Lothar und Horst Baumgart gelang es, sich im Wagen zu verstecken, und so blieb er während der gesamten Flucht bei seiner Familie. In Berlin übernahm er die Rolle des großen Organisators. Während die Mutter bei den Kindern blieb und auf das Gepäck aufpasste, zog er durch die Stadt und besorgte Lebensmittel auf dem Schwarzmarkt. Die Familie aus dem kleinen Ort Mehlsack im ostpreußischen Kreis Braunsberg war noch in anderer Hinsicht privilegiert. Durch eine List war es ihr gelungen, Jacken, Decken und Laken bis nach Berlin zu retten. Die Baumgarts hatten ihre Sachen mit Kot eingeschmiert, so dass sie während der Reise durch Polen bei Dieben keine Begehrlichkeiten weckten. In der Kruppstraße konnte die Familie nun in richtigem Bettzeug schlafen. Dem Vater war es zudem gelungen, irgendwo in der Stadt einen alten Tisch aufzutreiben, so dass sie sich sogar noch eine eigene kleine Ess- und Wohnecke einrichten konnten.

Der Familie aus Mehlsack ging es weit besser als den meisten anderen Flüchtlingen. Trotzdem war auch ihr Leben im Lager alles andere als angenehm. In den Fenstern waren keine Scheiben mehr, und eines Tages kamen britische Soldaten ins Lager und nahmen die Jalousien, mit denen sie notdürftig zugehängt waren, einfach mit. Lothar, Horst und ihre Mutter befestigten nun die Säcke, in denen die Familie ihr Gepäck transportiert hatte, vor den Fenstern. Doch gegen die ersten Herbstwinde nützte das wenig. Vor dem Schlafen mummte sich die Familie dick in die Decken ein und schmiegte sich eng aneinander. Frieren tat man trotzdem, aber man hatte immerhin Decken.

Tagsüber saßen die beiden neun und elf Jahre alten Brüder oft stundenlang im Treppenhaus und beobachteten das Geschehen. Für sie gab es im Lager eigentlich nichts zu tun. Zu den anderen Flüchtlingskindern entwickelten sich keine Freundschaften. Lothar und Horst waren eher misstrauisch und kontaktscheu. Die Mutter saß die ganze Zeit bei dem Gepäck. Hin und wieder flickte sie notdürftig ein paar kaputte Sachen. Der Vater half öfters bei der Essensausgabe. Heimlich steckte er manchmal ein Stückchen Brot für seine Söhne und die kleine zweijährige Tochter beiseite. Zumeist aber hofften die Kinder vergebens auf einen zusätzlichen Bissen. Der Hunger tat besonders weh. Wenn sie dann auch noch mit ansahen, wie andere Kinder bleich, abgemagert und von Keuchhusten geschüttelt in den Armen ihrer Mütter lagen, bekamen sie es zuweilen mit der Angst zu tun.

Dankbar waren die beiden Brüder für jeden lustigen Moment, der sich ihnen in der Kruppstraße bot. Besonderen Spaß hatten sie bei der Entlausung. Ende September waren siebzig Prozent der Flüchtlinge, die nach Berlin kamen, von Läusen befallen. Jeder Neuankömmling sollte darum als Erstes vom Ungeziefer befreit werden. In den Richtlinien, die die Abteilung Ausgewiesene und Heimkehrer an die von den Bezirksämtern eingesetzten Lagerleiter ausgab, war für jedes Flüchtlingsheim ein besonderer Raum für die Entlausung vorgesehen. »Während der kalten Jahreszeit muss er geheizt sein … Bei längerem Aufenthalt in dem Lager muss die Einstäubung nach acht Tagen wiederholt werden. Das Gepäck ist mit einzustäuben.« Als Lothar und Horst zum ersten Mal den Entlausungsraum betraten, war ihnen ein wenig mulmig zumute. Vor sich sahen sie das Lagerpersonal mit großen Spritzen und Pulver hantieren. Ein kleines Mädchen, das gerade entlaust wurde, schrie aus vollem Halse. Aber da es den beiden Brüdern seit Wochen auf der Haut piekte und zwickte, waren sie entschlossen, die Prozedur gegen die winzigen Qualgeister tapfer durchzustehen. »Die Läuse waren damals ja so etwas wie die Haustiere der Menschen. Wir mussten in diesen Wochen im Lager Kruppstrasse gleich mehrfach zur Entlausungsstation. Kinder und Alte, alle mussten durch. Es wurde DDT-Pulver verwendet. Am Nacken bekamen wir einen Schlauch in die Kleidung gesteckt, der an einer Art Luftpumpe befestigt war, und dann wurde gepustet, bis der Staub unten an den Schuhen wieder herauskam. Das war eine Generalreinigung, und die Läuse waren danach weg. Meistens jedenfalls. Einmal sahen wir einen älteren Herrn, dem spazierten die kleinen Viecher auf dem Kragen herum. Der bekam dann eine Ladung extra in die Klamotten. Da hatten wir natürlich unsere Freude.«

Die Bekämpfung der Läuse war Teil der Maßnahmen gegen Seuchen und Epidemien. Durch die Stiche der Kleiderlaus wurde Fleckfieber übertragen. Außerdem führten Ungeziefer und Schmutz zu Krätze und eitrigen Entzündungen der Haut. Das Immunsystem der Menschen wurde dadurch stark geschwächt, und gefährliche Infektionskrankheiten konnten sich um so leichter in den Lagern verbreiten. Allein im September erkrankten in den Berliner Flüchtlingsunterkünften knapp 5.000 Menschen an Typhus und Ruhr, 874 davon tödlich. Aber auch Tuberkulose und Diphtherie waren immer häufiger Ursache von Todesfällen. Für die gesundheitliche Betreuung der Flüchtlinge waren daher gleich eine ganze Reihe von Maßnahmen vorgesehen: Reinigung der Kleidung durch Heißluft und Dampfdesinfektion, Desinfektion mittels Chlorkalk und Lysol, Einstäubungen mit DDT-Pulver und Impfungen gegen Tuberkulose und Typhus. In jedem Lager sollte eine eigene Kranken- und Isolierstation eingerichtet werden, und der Amtsarzt des zuständigen Stadtbezirks war gehalten, einen Lagerarzt bereitzustellen. Außerdem führte die Abteilung Ausgewiesene und Heimkehrer bereits am 31. Juli einen Gesundheitspass ein. Kein Flüchtling sollte fortan ohne ärztliche Untersuchung und Entlausung in ein Lager aufgenommen, ja nicht einmal verpflegt werden. Entsprechend der nach wie vor bestehenden Weisung, dass Flüchtlinge nur einen Tag in Berlin bleiben sollten, besaß der Gesundheitspass allerdings nur eine 24-stündige Gültigkeitsdauer. Genau genommen hätte das bedeutet, die Lagerinsassen täglich neu zu untersuchen. Ende September also bis an die 30.000 Personen. Eine wahnsinnige Vorstellung. In den Akten des Landesarchivs Berlin wird zwar bestätigt, dass für die Flüchtlingsbetreuung Ärzte »in ausreichendem Maße zur Verfügung stehen«. Aber natürlich konnte

Verlaust waren anfangs etwa 20%, später etwa 50% der Zugänge, Ende September ca. 70%. Nach den Beobachtungen in den Lagern zeigt sich auch mit zunehmender kalter Witterung eine erhebliche Zunahme der Verlausung der Ankommenden, trotz weitgehend durchgeführter Einstäubung mit DDT.-Pulver auch außerhalb Berlins. Diese zunehmende Verlausung stellt vor allem angesichts der minimalen gesundheitlichen Widerstandskraft dieser Menschen eine ständig wachsende Gefahr der Fleckfieberverbreitung nahe. Als Folge der zunehmenden Verlausung war ein Ansteigen eitriger Hauterkrankungen, die z.T. allerdings auch durch die weitverbreitete Krätze bedingt sind, zu beobachten.

Für Monat September ergibt sich folgendes Krankheitsbild:

Typhus:	3.517 Neuerkrankungen
	377 Todesfälle
Paratyphus:	118 Neuerkrankungen
	5 Todesfälle
Ruhr:	1.425 Neuerkrankungen
	497 Todesfälle
Diphtherie:	1.610 Neuerkrankungen
	114 Todesfälle
Scharlach:	446 Neuerkrankungen
	3 Todesfälle
Tuberkulose (Lunge):	1.090 Neuerkrankungen
	488 Todesfälle
Tuberkulose and.Organe:	173 Neuerkrankungen
	34 Todesfälle
Malaria:	50 Neuerkrankungen
	- Todesfälle
Fleckfieber:	23 Neuerkrankungen
	7 Todesfälle
Genickstarre:	7 Neuerkrankungen
	2 Todesfälle
Spinale Kinderlähmung:	11 Neuerkrankungen
	2 Todesfälle
Bakterielle Lebensmittelvergiftung:	2 Neuerkrankungen
	1 Todesfall

5. **Allgemeiner Zustand der Ausgewiesenen.**

Die persönliche Lage der ausgewiesenen Familien und Einzelpersonen ist katastrophal. Sie haben nichts von ihrem Hab und Gut als das Allernotwendigste mitnehmen können. In den überwiegenden Fällen sind sie auf ihrem Marsch noch ihrer letzten Habe beraubt worden und kommen in Berlin völlig mittellos an. Sie sind oft zu erschöpft, daß sie vor Schwäche hinsinken. Mit ihrer letzten Kraft schleppen sie sich zum Köllnischen Park und erwarten hier Verpflegung und Unterkunft.

Das Gros der Leute reisst je länger ihre endgültige Unterbringung dauert, die Bekleidung restlos ab und macht einen sehr schlechten Eindruck. Zum Teil sind sie nach ihren eigenen Angaben unterwegs auch ihrer Kleidungsstücke beraubt worden. Die Bekleidung ist im Hinblick auf die Jahreszeit als ungenügend zu bezeichnen; vor allem mangelt es an ausreichendem Schuhwerk.

- 4 -

Kranken- und Todesstatistik im Oktoberbericht der Abteilung Ausgewiesene und Heimkehrer.

eine allumfassende medizinische Versorgung der Heimatlosen nicht gewährleistet werden. So kam es trotz aller Bemühungen in den Lagern immer wieder zu gefährlichen Seuchenausbrüchen. Als Lothar und

Horst Baumgart gegen Ende ihres Berliner Aufenthaltes zu einer Stadterkundung aufbrechen wollten, war das Tor zur Kruppstraße verriegelt. Ein Wachposten erklärte den Jungen, das Lager sei wegen einer Typhusepidemie unter Quarantäne gestellt. »Unsere Eltern waren in heller Aufregung. Sie hatten nur noch den einen Gedanken, das Lager so schnell wie möglich zu verlassen, so schnell wie möglich in den Westen zu kommen. Plötzlich bekamen wir es mit der Angst zu tun, dass auch wir in diesem Lager sterben könnten. Immerzu ging uns jener Ponywagen durch den Kopf, der täglich in die Kruppstraße kam, um die Toten abzuholen. Er stand vor dem Hauptgebäude und war ganz flach. Da schmiss man die Toten drauf, bis er voll war. Dann fuhr er los – niemand wusste wohin. Die Leichen waren nicht einmal zugedeckt.«

Die Menschen starben nicht nur an schweren Krankheiten, sondern oftmals schlicht an Schwäche und Erschöpfung. Gegen Infektionen und Seuchen konnten die Ärzte ankämpfen, gegen Hunger und Selbstaufgabe nicht. Zum Überleben im Lager gehörte neben einer robusten Gesundheit auch ein starker Durchhaltewille. Selbst das bisschen Essen mussten sich die Menschen zuweilen regelrecht erkämpfen. So schlichen Lothar und Horst ganz früh am Morgen, noch lange vor dem Hellwerden, hinaus auf den Hof in die kalte Herbstluft, um sich an der Gulaschkanone anzustellen. Nicht, um sich das Frühstück abzuholen, sondern die Ration für den ganzen Tag. »Da standen die Leute schon um sechs Uhr morgens an, damit sie um elf Uhr ein bisschen was kriegten. Es ist aber immer wieder passiert, dass wir den ganzen Morgen in der Schlange warteten und schließlich nichts bekamen, weil uns die Erwachsenen zur Seite drängten. Da wurden auch die Ellbogen benutzt, Mitleid gab es nicht. Hatten wir aber Erfolg, kriegten wir ein dünnes Süppchen und ein Stückchen Brot. Weißbrot, das man sich mit einem Mal in den Mund stecken konnte.«

Die Versorgung der Flüchtlinge war nicht nur im Lager Kruppstraße mehr als dürftig. In fast allen Flüchtlingsunterkünften zeigten die Säuglinge und Kleinkinder alarmierende Symptome von Unterernährung, und auch die Erwachsenen litten durch den Hunger an schlimmen Erschöpfungszuständen. An dieser Misere war auch die bekannte Weisung mitschuldig, Flüchtlinge sollten, wenn möglich, Berlin nach 24 Stunden wieder verlassen. Dieser Direktive folgend sollten die Flüchtlinge lediglich 100 g Brot., ¾ Liter Suppe und ein warmes Getränk täglich erhalten. Es setzte sich zwar bald die Einsicht durch, dass eine solche Verpflegung auf Dauer zu massenhaftem Hungertod in den Lagern führen musste, und die Zuteilungen wurden durch das Haupternährungsamt etwas erhöht. Aber erst am 19. Oktober legte die alliierte Kommandantur nach langem Drängen seitens der Abteilung Ausgewiesene und Heimkehrer einen Tagessatz fest, der akute Unterernährung ausschloss. Die Heimatvertriebenen in den Lagern waren nun nach den Sätzen der »Verpflegungsgruppe V – ohne Tee und Bohnenkaffe« zu versorgen: 7 g Fett, 20 g Fleisch, 400 g Kartoffeln, 15 g Zucker, 30 g Nährmittel, 13 g Salz, 4 g Kaffee-Ersatz, 300 g Brot täglich. Das mag zunächst recht ordentlich klingen, aber genauer besehen, bestand die Tagesration damit aus drei bis vier Kartoffeln und einigen Scheiben Brot mit hauchdünnem Fettaufstrich. Fleisch und sonstige Nährmittel mochten für ein wenig geschmackliche Abwechslung sorgen – den Hunger stillen konnten sie nicht. Nicht zu Unrecht wurde die Lebensmittelkarte V auch Hungerkarte genannt; man konnte davon leben, gewiss, wirklich satt wurde man nicht.

Doch die angegebenen Richtwerte konnten nicht einmal immer in vollem Umfang eingehalten werden. Wer von den Vertriebenen noch ein wenig Geld besaß, versuchte daher, sich irgendwie zusätzliche Lebensmittel zu kaufen. Dabei hatten manche offenbar den Verstand verloren. Ursula Schulzki, eine Zweiundzwanzigjährige Mutter, half gerade in der Lagerküche, als ein paar Flüchtlingsfrauen hereinkamen und einige Päckchen Salz, das in Berlin noch frei erhältlich war, auspackten. Wie lange hatten sie kein Salz mehr geschmeckt! Sie hörten nicht auf die Warnungen der anderen Frauen. In einer dicken Schicht streuten sie sich das Salz aufs Brot und verschlangen es mit einem wahren Heißhunger. Am folgenden Tag wurden sie tot aus dem Lager getragen; sie hatten sich an der »Überdosis« Salz »vergiftet«. Ursula brach in bittere Tränen aus, als sie von dem Tod der Frauen erfuhr. Es war Weihnachten, aber wo waren Friede und Freude in dieser Zeit geblieben? Sie selbst hatte ihre einjährige Tochter am Heiligen Abend mit Bronchitis und Darmkatarrh in das Krankenhaus in Buch einliefern lassen müssen. Ilse Warias, die dreizehnjährige Tochter ihrer Cousine Minna, war bereits zwei Tage zuvor wegen Entkräftung und Unterernährung in ein Hilfskrankenhaus in Niederschönhausen eingewiesen worden. Wenigstens wurde sie dort einigermaßen gut versorgt. »Als wir sie das erste Mal besuchten, waren wir erleichtert. Ilse war gebadet und trug ein frisches Nachthemd. Ihr schien es plötzlich besser zu gehen als uns. Denn in dem Lager, in dem wir untergebracht waren, gab es überhaupt keine medizinische Versorgung, und die Mahlzeiten machten nicht satt. Ilse dagegen wirkte ziemlich erholt, war frisch gekämmt und roch nach Seife. Wir waren sicher, dass sie bald wieder gesund sein würde.«

Ursula war zusammen mit ihrer Mutter, Minna und den Kindern in einem alten Schulgebäude am Schlesischen Bahnhof, dem heutigen Ostbahnhof, untergekommen. Als sie das Lager am Nachmittag des 22. Dezember erreichten, war nur ein Hausmeister vor Ort. Als er das kranke Mädchen erblickte, organisierte er immerhin sofort Ilses Einlieferung ins Krankenhaus von Niederschönhausen. Die drei Frauen und Ursulas Baby blieben in der ehemaligen Schule zurück. Der Hausmeister schickte sie in ein großes Klassenzimmer in der zweiten Etage. Sie sollten sich ausschlafen, am nächsten Morgen bekämen sie im Erdgeschoss etwas zu essen. Ilses Mutter war völlig niedergeschlagen. Ursula Schulzki versuchte sie trösten. Es fiel ihr nicht leicht. Welche Aussichten hatten sie denn? Immerhin waren sie etwas erleichtert, als sie den Schlafsaal betraten. Er wurde von einem großen Kohlenofen geheizt, und viele der Etagenbetten aus Metall waren noch frei. Die Frauen schoben zwei der Betten eng nebeneinander. So fühlten sie sich ein wenig geborgen.

Ärztlich untersucht und entlaust wurden sie weder an diesem noch in den folgenden Tagen. Zweimal täglich erhielten sie eine Mahlzeit – Kohl- oder Kartoffelsuppe mit Brot. »Am Vormittag halfen wir in der Küche oder wurden zum Reinigen der Räume eingeteilt. Dadurch war das Lager insgesamt recht sauber. Nur die Toiletten waren fortwährend verstopft. Für so viele Leute waren sie einfach nicht ausreichend. Nachmittags konnte jeder machen, was er wollte. Wir zogen dann los nach Niederschönhausen, um Ilse zu besuchen. Bei der Registratur hatte man uns mitgeteilt, wir müssten Berlin sofort wieder verlassen, sobald das Kind gesund wäre. Als dann aber am 24. Dezember auch noch mein Töchterchen ins Krankenhaus musste, stellten wir uns auf einen längeren Berlin-Aufenthalt ein.«

Die kleine Margitta war erst drei Monate alt gewesen, als Ursula Schulzki Ende Januar Korschen in Ostpreußen verließ. Nach dem monatelangen Unterwegssein war die stillende Mutter schließlich derart entkräftet, dass zu befürchten war, sie würde weitere Strapazen nicht überstehen. Ursulas Mutter überzeugte die Tochter, das Baby besser mit Brei zu ernähren, als es weiterhin zu stillen. Die junge Frau zerrieb nun jeden Tag ein wenig Weizen, vermischte ihn mit Wasser und fütterte damit ihr Kind. Erst im Lager am Schlesischen Bahnhof bekam das Baby wieder Milch zu trinken. Nur zwei Tage nach der Ankunft in Berlin wurde es dann aber so krank, dass es in die Kinderabteilung des Krankenhauses Buch eingeliefert werden musste.

Jeden Nachmittag verbrachten die drei Flüchtlingsfrauen nun mit Krankenbesuchen. Zuerst in Niederschönhausen, dann in Buch. Wenigstens fuhren schon wieder die Straßenbahnen, denn sonst wäre die lange Strecke bis an den Stadtrand gar nicht zu bewältigen gewesen. In der Nacht zum 29. Dezember starb Ilse völlig unerwartet. »Sie hat nach dir gefragt«, das war alles, was die Mutter von der Bettnachbarin des Mädchens über die Todesumstände erfuhr. Das Krankenhauspersonal konnte keinerlei Auskunft geben, ein Arzt war nicht zu sprechen. In zwei Tagen werde die Tote in Buch begraben, bei der Beerdigung dürfe jedoch niemand dabei sein, teilte man den Frauen mit. Erst am späten Nachmittag sollten sie zum Friedhof kommen, man werde sie dann zum Grab führen.

Minna hatte die Leiche ihrer Tochter nicht einmal mehr sehen dürfen, nun wollte sie wenigstens bei dem Begräbnis von ihr Abschied nehmen. So trafen die drei Frauen viel früher, als sie angewiesen worden waren, auf dem Friedhof in Buch ein. Am Eingang fanden sie niemanden, der ihnen den Weg zu dem Grab hätte zeigen können, so versuchten sie, es auf eigene Faust zu finden. Schließlich erblickten sie einen Lastwagen, der vor einem langen, tiefen Graben parkte. Auf der Ladefläche waren lange Kisten gestapelt. Zu spät verstand Ursula, dass sie nun Zeugen der »Beerdigung« wurden. Zwei Männer kippten aus den Kisten nackte Leichname in den Graben. Zwei weitere Männer standen in dem Graben und schoben die Toten mit Heugabeln zusammen. Als sie ihre Tochter zu erkennen glaubte, brach Minna zusammen.

Seit der Beerdigung Ilses verstummte Minna völlig. Sie hockte nur

Sterbeurkunde von Ilse Warias, ausgestellt am 30.12.1945 in Berlin-Niederschönhausen.

noch apathisch im Lager auf dem Bett. Alle Haare gingen ihr aus, und nur mit Mühe konnte Ursula Schulzki sie überreden, etwas zu essen. Mitte Januar wurde die kleine Margitta endlich aus dem Krankenhaus in Buch entlassen, und die Frauen wurden nach Gera weitergeleitet. Sie waren froh fortzukommen.

Die Lebensbedingungen in der ehemaligen Schule am Schlesischen Bahnhof hatten sich inzwischen spürbar verschlechtert. Da es an Brennmaterial fehlte, wurden die Räume kaum noch geheizt. Die Berliner sah man in diesen Tagen mit Axt und Säge im Tiergarten. Sie fällten die letzten Bäume, entwurzelten die letzten Stümpfe und zerhackten sie zu Brennholz, um in ihren Wohnungen nicht zu erfrieren. Die Heimatvertriebenen mussten sich dagegen mit dem bescheiden, was den Lagern zugewiesen wurde. Die ohnehin geschwächten Menschen saßen in nur notdürftig zurechtgeflickten Gebäuden mit defekten Fenstern und Türen unter undichten Dächern und froren. Natürlich gab es bessere und schlechtere Lager, aber das Gros der Flüchtlinge musste unter Bedingungen leben, die nicht nur die blanke Existenz gefährdeten, sondern vor allem auch das Selbstwertgefühl der Menschen aushöhlen musste. In den im Landesarchiv Berlin aufbewahrten Akten der Abteilung Ausgewiesene und Heimkehrer findet sich ein Bericht über das Lager in Pankow, eine alte Luftschutzschule im Stiftsweg. In den letzten Kriegsjahren wurden dort Zivilisten in Schnellkursen über das richtige Verhalten bei Luftangriffen unterrichtet. Der Umgang mit Gasmasken und das Löschen von Brandbomben waren zentrale Themen der Schulung. Jetzt konnte man in den Unterrichtsräumen das blanke, vom Krieg hinterlassene Elend studieren. Der anonyme Zeitzeuge hatte das Lager im Winter besichtigt und seinen Bericht bei der Abteilung Ausgewiesene und Heimkehrer eingereicht, möglicherweise um dort den dringenden Handlungsbedarf deutlich zu machen. »Als ich die Räumlichkeiten betrat, schlug mir ein stickiger Dunst von Unrat, Schmutz und Abort entgegen, hervorgerufen durch die hier auf kleinstem Raum zusammengepferchten Menschen, die sich wochenlang nicht reinigen bzw. die Wäsche wechseln konnten. Die Bettstellen reichen bei weitem nicht aus. Da hocken sie nun zusammen, die vielen Männer und Frauen, Greise und Kinder inmitten dieser grauenvollen Atmosphäre, wo Kinder ihre Bedürfnisse erledigen, Gesunde speisen, Kranke und Geschwächte auf ihren Strohsäcken stöhnen. Andere wiederum warten nur, dass endlich einmal eine Seele zu ihnen kommen möge, der sie all ihren Schmerz, all ihr Leid entgegenschreien können … Ich ging weiter zur ärztlichen Station. Vor der Tür warten zwei alte Leute. Der Mann, anscheinend der Großvater, trägt auf dem Arm ein kleines vierjähriges Mädchen. Seine

Beinchen, unbestrumpft, sind durch Frosteinwirkung aufgeplatzt und eitern. Die Großmutter versucht verzweifelt, das weinende Kind zu trösten. Die Tür zum Behandlungszimmer ist geschlossen, und es sieht fast so aus, als hätte der Arzt keine Sprechstunde. Jedoch liegt es nur daran, dass das Untersuchungszimmer überfüllt ist. Mehrere werden zugleich behandelt. Meistens leiden sie an Frostschäden … Ich besuche die beiden vorhandenen Krankenzimmer. Insgesamt 35 Patienten haben darin nur Platz finden können. Es fehlt auch hier an Bettstellen, Bettwäsche, Decken usw. Eine junge Frau, die offenbar einen Krankenbesuch machte, äußerte erregt: ›Krankenzimmer nennen sie dieses Loch ohne Wärme, ohne Licht und ohne die notwendige Sauberkeit?‹ … Doch vielfach liegt es an den Menschen selbst, wenn die Räume Spuren der Unsauberkeit tragen. Die eigene Stumpfheit und Interesselosigkeit, die körperliche Mattigkeit lässt sie dem Schmutz gegenüber gefühllos bleiben.«

Nach wochenlangem Aufenthalt im Lager gaben sich die Flüchtlinge vielfach auf. Sie hatten jede Kraft verloren, gegen ihr Schicksal anzukämpfen. Umso mehr war nun das Lagerpersonal gefragt, den Menschen nicht nur materiell zu helfen, sondern sie auch moralisch aufzurichten, ihnen Stolz und Würde, Lebensmut und Energie wiederzugeben. Freilich war für die psychische Betreuung wenig Zeit vorhanden. Es war in erster Linie vom persönlichen Engagement der Mitarbeiter abhängig, inwieweit den Lagerinsassen auch seelisch wieder auf die Beine geholfen wurde. Für Marianne Hoppe, die Frauen und Kinder betreute, war gerade dieser Teil ihrer Arbeit der interessante und wertvolle. »Mit den Kindern habe ich sehr viel gespielt, um sie von der Tristesse ein wenig abzulenken. Brettspiele wie Halma, die ich von zu Hause mitbrachte, oder Fußball mit den Jungs. Hin und wieder las ich auch etwas vor, aber das war schon etwas schwieriger, weil die Kinder da einen ganz unterschiedlichen Geschmack hatten.« Dabei hatten die Kleinen mit Marianne Hoppe, der schon damals berühmten Ufa-Schauspielerin, eine vorzügliche Vorleserin. Den größten Erfolg erzielte sie mit einer schönen, bebilderten Ausgabe von Theodor Storms *Der kleine Häwelmann*, die ihr eine Freundin mitgegeben hatte. Wenn sie daraus vorlas, lugten ihr die Kinder über die Schulter und hingen an ihren Lippen.

Die Vierunddreißigjährige war von dem Elend in den Straßen Berlins erschüttert und hatte sich spontan entschlossen, sich in der Flücht-

Ein Berliner Flüchtlingslager 1945. Die Zustände dort waren oftmals menschenunwürdig.

lingsbetreuung zu engagieren. Die Caritas vermittelte ihr eine Stelle in einem der Lager beim Lehrter Bahnhof. Morgens um acht Uhr begann die Arbeit. Der Filmstar sortierte Kleiderspenden und verteilte sie an die Neuankömmlinge, stand an der Gulaschkanone und schöpfte Suppe aus, teilte die Flüchtlingsfrauen zu Aufräum- und Küchenarbeiten ein, organisierte Wannen und heißes Wasser, damit sich die Menschen waschen konnten. Keine aufregende Beschäftigung, sondern eine zumeist eintönige, ermüdende Arbeit bis spät in den Abend. »Es gab natürlich auch beglückende Momente. Einmal gelang es mir, eine Mutter und ihren Sohn, die sich auf der Flucht verloren hatten, wieder zusammenzubringen. Der Junge war mehrere Tage vor seiner Mutter ins Lager gekommen. Und als die Frau nun auch bei uns eine Schlafstelle zugewiesen bekam, fiel mir ihr Name auf. Der kleine Bengel, mit dem ich kurz zuvor gespielt hatte, hatte doch genauso geheißen. Ich habe dann die Frau zu diesem Jungen geführt, und die beiden sind sich in die Arme gefallen.«

Nach der Arbeit im Lager sammelte Marianne Hoppe in ihrem Freundeskreis für die Flüchtlinge. Brauchbar war eigentlich alles: Spielzeug, Bettwäsche, Schlafanzüge, Decken, Mäntel, Schuhe. Was immer man geben konnte. Der Berliner Magistrat kam im Oktober auf die gleiche Idee und appellierte in einem Aufruf an die »Gebefreundlichkeit der Berliner Bevölkerung«. In welchem Umfang die Berliner diesem Aufruf folgten und für die Flüchtlingslager spendeten, ist in den Akten des Landesarchivs Berlin nicht vermerkt. Marianne Hoppe jedenfalls hatte im privaten Kreis recht guten Erfolg. Die Freunde gaben, und sie gaben gerne. »Aber das geschah alles ohne Pathos. Es war keine Zeit der großen Gesten. Die Leute handelten aus der Situation heraus. Sie taten das, was sie in dieser Notsituation als notwendig empfanden. Nicht mehr.«

Mit den Spenden ihrer Freunde konnte Marianne Hoppe einzelnen Flüchtlingen im Lager helfen. Mit Blick aber auf die gesamte Flüchtlingssituation war ihre Privatinitiative wiederum nicht mehr als ein Tropfen auf den heißen Stein. Das Ausmaß der Aufgabe, die die Flüchtlingsversorgung bedeutete, lässt sich anhand einiger Zahlen für den September ermessen. In diesem Monat wurden in Berlin durchschnittlich 26.000 Menschen pro Tag beherbergt, ärztlich betreut und verpflegt. 25.000 davon in den 59 Lagern, 1.000 – wie Ida Dahlke und ihre Familie – sozusagen mobil in den Straßen und vor allem auf den Bahnhöfen. Bei den Hilfsmaßnahmen bestand eine besondere Schwierigkeit darin, dass sich die 26.000-köpfige »Flüchtlingsmasse« ständig veränderte. Pro Tag erreichten ca. 7.800 Neuankömmlinge Berlin, knapp 7.500 Flüchtlinge wurden weitergeleitet. Die Zusammensetzung der Flüchtlinge, d. h. die Anzahl von Familien, Männern und Frauen, Kindern, Greisen und Kranken änderte sich daher permanent. Dementsprechend wandelten sich die täglichen Anforderungen an die Flüchtlingsbetreuung: Neuankömmlinge mussten am Bahnhof empfangen und zu einem Lager gebracht werden. Hier mussten Entlausungs- und Impfmittel in ausreichender Menge bereitstehen. Die Kranken benötigten Medikamente und Verbände. Seuchen- und Isolierstationen mussten im

Bedarfsfall vergrößert werden. In den Lagern, in denen Epidemien ausbrachen, war umgehend für genügend medizinisches Personal zu sorgen. Ärzte und Krankenschwestern mussten dementsprechend schnell und flexibel disponiert werden. Waren Eltern erkrankt, mussten ihre Kinder in Obhut genommen werden. Für Waisen war ein neues Zuhause, ein vorübergehendes Heim zu finden. Und all dies konnte nicht nach einem monatlich oder auch nur wöchentlich festgelegten Plan geschehen, da sich die Flüchtlinge aufgrund der Fluktuation täglich neu über die Stadt und die Lager verteilten. Selbst die Essensrationen mussten jeden Tag neu kalkuliert werden, da die benötigten Mengen an den jeweiligen Versorgungsstellen ständig variierten. Und es wäre unverantwortlich gewesen, sicherheitshalber etwas mehr als nötig zu ordern. Was an der einen Stelle zu viel war, fehlte woanders.

Doch damit nicht genug. An der Flüchtlingsbetreuung beteiligten sich die unterschiedlichsten Organisationen: vom Roten Kreuz über die britische Heilsarmee und die Hilfsorganisation der Vereinten Nationen (UNRRA) bis hin zu religiösen Gruppen wie den Mennoniten. Sie alle leisteten wertvolle Hilfe, aber zugleich musste ihre Arbeit kompliziert miteinander koordiniert werden. Im Laufe des Oktobers wurde daher beim Hauptamt für Sozialwesen eine Dolmetscherabteilung eingerichtet. Erhebliche Anstrengungen waren erforderlich, damit zum richtigen Zeitpunkt der richtige LKW mit der richtigen Menge an Hilfsgütern am richtigen Ort eintraf. Und nicht immer waren die Bemühungen von Erfolg gekrönt. In den Akten des Berliner Magistrats findet sich ein Bericht über den Versuch der Abteilung Ausgewiesene und Heimkehrer, Kartoffeln für die Flüchtlinge zu beschaffen: »Vertreter der Stadt Grabow [ca. 150 Kilometer nordwestlich von Berlin in Mecklenburg-Vorpommern, R. A.] hatten uns am 10. 7. mitgeteilt, dass ca. 3–5.000 Zentner Kartoffeln für uns zur Verfügung ständen. Wir haben das Angebot sofort angenommen und versucht, den Abtransport zu organisieren. Dazu war eine Genehmigung des Haupternährungsamtes zur Einfuhr erforderlich, die wir am 17. 7. bekamen. Auch die Gestellung der Waggons hatten wir durch die Reichsbahndirektion erhalten. Notwendig war ferner die Ausfuhrgenehmigung des Ortskommandanten von Grabow. Diese zu erreichen haben wir verschiedene Bahndiensttelegramme nach Grabow geschickt, aber nie eine Antwort erhalten. Daraufhin setzten wir am 9.8. ein Schreiben an den Bürgermeister von Grabow auf, auf das wir bis zum 31.8. ohne Antwort blieben. Auf diese Weise scheiterte der gesamte Kartoffeltransport.« Neben solchen frustrierenden Kämpfen um Lebensmittel mussten die gut sechzig Mitarbeiter der Abteilung Ausgewiesene und Heimkehrer im Sommer zudem noch bis zu 50.000 Personen monatlich in ihrer Zentrale Am Köllnischen Park registrieren und mit Flüchtlingsausweisen versehen. Und trotz dieses Berges an Arbeit war mit den primitivsten technischen Hilfsmitteln auszukommen. Bis Ende September stand der Abteilung noch nicht einmal ein eigenes Auto zur Verfügung, und in einem Rundschreiben von Anfang Oktober, in dem die Bezirksämter zur Berichterstattung über die Entwicklung der Flüchtlingsbetreuung aufgefordert werden, heißt es: »Unsere direkte telefonische Verbindung ist noch nicht verlässlich. Schicken Sie auf jeden Fall einen Boten.«

Angesichts der Missstände in den Lagern mag manchem wie Zynismus geklungen haben, wenn es in den 1945 von der Abteilung Ausgewiesene und Heimkehrer festgelegten Richtlinien für den »Aufbau eines Umsiedlerlagers« heißt: »Es muss das Bestreben des Lagerleiters sein, dass sein Lager als mustergültig angesehen werden kann.« In diesen Richtlinien wird die Ausgabe von Decken und die Sauberhaltung der Lagers empfohlen. Tagesräume, Tische, Sitzgelegenheiten und Schränke sollten »nach Möglichkeit« vorhanden sein. Wünsch- und Machbares lagen denkbar weit auseinander, doch trotz aller Engpässe und organisatorischen Komplikationen gab es immer wieder auch Spielräume, um die Zustände in den Unterkünften mehr oder weniger menschenwürdig zu gestalten. Das mag für ständig überfüllte Lager wie das in der Kruppstraße nicht gegolten haben, aber mitunter hing es auch vom persönlichen Einsatz der Lagerleiter ab, unter welchen Umständen die Flüchtlinge untergebracht waren.

Diese indes hatten nichts einzuklagen. Die Heimatvertriebenen waren von Beginn an eine Gruppe ohne Lobby. Ihre Versorgung durch den Berliner Magistrat und die Alliierten hatte letztendlich immer nur zwei Ziele: die Menschen nicht verhungern zu lassen und sie so schnell wie möglich aus Berlin fortzuschaffen. Ein breites öffentliches Interesse an der Flüchtlingsproblematik gab es erstaunlicherweise nicht, obwohl die Ausgewiesenen ja im Straßenbild allgegenwärtig waren. In den gro-

Lagerordnung
für Umsiedlerlager im Bereich der Stadt Berlin.

1) Die in das Lager eingewiesenen Umsiedler haben den <u>Anordnungen des Lagerleiters unbedingt Folge zu leisten.</u>
2) <u>Das Lager ist täglich von 7 bis 20 Uhr geöffnet.</u> Insassen, die zwischen 20 und 7 Uhr das Lager betreten wollen, können nur mit besonderem Ausweis eingelassen werden.
3) Die Lagerräume sind jeden Morgen <u>gründlich</u> zu <u>reinigen</u> und zu <u>durchlüften.</u> Die hierzu herangezogenen Lagerinsassen haben die vom Lagerleiter dafür erteilten Anweisungen genauestens einzuhalten.
4) Gesunde, arbeitsfähige <u>Lagerinsassen sind zur Teilnahme</u> an den täglichen <u>Reinigungsarbeiten,</u> Gartenarbeiten usw. <u>verpflichtet.</u>
5) Für die <u>pflegliche Behandlung</u> der in den Lagern zur Verfügung gestellten <u>Einrichtungsgegenstände</u> wie Betten, Strohsäcke, Decken und Gebrauchsgegenstände aller Art sind die Lagerinsassen verantwortlich.
6) Die zu den Unterkünften gehörenden Toiletten, Waschräume, Aufenthaltsräume <u>sind peinlichst sauber zu halten.</u>
7) <u>Abfälle sowie Müll sind nur an den dafür vorgesehenen Stellen zu entleeren.</u>
8) <u>Erkrankungen</u> von Lagerinsassen <u>sind sofort dem Lagerarzt</u> bzw. der Sanitätsstation <u>anzuzeigen.</u>
9) Grundsätzlich sind in dem Lager <u>nur Personen mit Gesundheitsausweis aufzunehmen.</u> Personen, die ohne einen solchen Ausweis ausnahmsweise in das Lager aufgenommen werden müssen, sind bis zur Erteilung eines solchen Ausweises von den übrigen Lagerinsassen getrennt unterzubringen.
10) Das Handeln oder Tauschen mit Lebensmitteln jeder Art sowie mit Gold- und Silberwaren, ferner das Abhalten von Glücksspielen sind <u>strengstens untersagt.</u>
11) Die Innehaltung der Lagerordnung kann gegebenenfalls mit polizeilichen Zwangsmitteln erzwungen werden.

Berlin, den 27. November 1945
Der Polizei-Präsident
Markgraf

Abt. V.

Lagerordnung für Berliner Flüchtlingslager.

ßen Berliner Zeitungen erschienen nur wenige kleine Artikel, die sich mit dem Thema befassten. Der ausführlichste Bericht findet sich in der *Täglichen Rundschau* vom 25. September. Ein Reporter der Zeitung hatte zwei Flüchtlingslager in Prenzlauer Berg besucht. Lobend äußert er sich über das Lager in der Greifswalder Straße. »Jeden Tag wenden sich beinahe 1.500 Menschen an das Büro des Flüchtlingsheimes mit der Bitte um Aufnahme und Nachtquartier«, heißt es in dem Artikel. »Trotz der großen Zahl von Menschen wird der verantwortliche Leiter dieses Heimes mit den ihm gestellten Aufgaben sehr gut fertig. Vom ersten Tag seiner Arbeit an hat er bis in den letzten Winkel seines Betriebes eine strenge, unerschütterliche Ordnung eingeführt.« Sauber und gepflegt seien die großen Räume mit den Schlafkojen. Allerorten gehe es ruhig und friedlich zu. »Sechs Krankenschwestern sorgen für die Verwundeten und Kranken. Überall im Hause spürt man die ordnende Hand, und man hat das Empfinden, dass die Mitarbeiter des Flüchtlingsheimes sich ihrer Verpflichtung gegenüber den Hunderten und Tausenden von Menschen, die täglich zu ihnen kommen, voll bewusst sind und sich bemühen, alles zu tun, was in ihren Kräften steht.« Kritik dagegen trifft das Lager in der Schönhauser Allee, vor allem dessen Leiter, »der sich mit dem Schmutz in seinem Heim abgefunden hat und ihn anscheinend nicht mehr sieht«. Um schnell mit der Desinfizierung der Räumlichkeiten fertig zu werden, schütte er eine Chlorlösung über den Boden, ohne an die Gesundheit der Flüchtlinge zu denken. Dass in anderen Lagern Kinder hundert Gramm Brot mehr bekämen, sei in seinen Augen ein »überflüssiger Luxus«.

Solche Kritik seitens der Presse blieb völlig vereinzelt und daher wirkungslos. Der Großteil der Artikel zum Flüchtlingsthema gibt lediglich Anordnungen wieder und liefert Statistiken sowie Erfolgsmeldungen: »Berlin sorgte für 1,3 Millionen Flüchtlinge«, heißt es im *Tagesspiegel* vom 17. November; und die *Berliner Zeitung* meldet am selben Tag: »Die Seuchen klingen wieder ab.« Eine differenzierte und problembewusste Analyse der Situation findet man kaum. Die Flüchtlinge waren für die Presse kein wirkliches Thema. Sie wurden versorgt. Was sollte mehr geschehen? Das Recht zu klagen war den Heimatvertriebenen schon früh entzogen worden. In einem Artikel der *Täglichen Rundschau* vom 27. Juli wird ihnen »ihre merkwürdige Gleichgültigkeit« vorgeworfen, mit der sie während des Krieges Berichte über die Flüchtlingsströme aus den von der deutschen Wehrmacht besetzten Gebieten aufgenommen hätten, »ohne scheinbar zu ahnen, dass Hitler auch ihnen das gleiche Los bereiten würde«. Der Vorwurf war natürlich nicht ganz aus der Luft gegriffen, manifestierte aber zugleich eine eigentümliche Schieflage in der öffentlichen Meinung über Schuld und Sühne der Deutschen. Die Vertriebenen sollten als kollektive Büßergemeinde für den Naziterror herhalten. Gewiss ertrugen sie schweres Leid, aber sie hatten es sich schließlich selber eingebrockt. Ihnen sollte Recht geschehen, was den anderen Deutschen glücklich erspart blieb. Waren solche Gedanken erst einmal im Umlauf, war eine gewisse Indifferenz gegenüber dem Schicksal der Vertriebenen unvermeidlich, ließ sich über das Flüchtlingselend leichter hinwegsehen. Die breite Öffentlichkeit war an den Zuständen, wie sie etwa im zum Flüchtlingslager umfunktionierten Hochbunker in der Albrechtstraße in Berlin-Mitte herrschten, nicht wirklich interessiert.

Drei Tage im Oktober war der vierzehnjährige Kurt Tarrach in dem Bunker untergebracht, drei Tage, die er niemals vergessen wird. In eine merkwürdige, surreale Welt ohne Tageszeiten war er eingetreten. Der Bunker war nur notdürftig beleuchtet. In Berlin war die Stromversorgung stark gedrosselt worden, so dass die Glühfäden in den Lampen lediglich schwach glimmten. Das matte Licht schuf zwischen den Betonwänden fahle Schattenrisse, die Gänge endeten im Dunkeln. Die niedrige Decke machte die bestehende Enge noch beklemmender. Ein fensterloses Gefängnis war dieser Bunker. In immer gleichen Abständen lagen links und rechts der Gänge die Türen zu zellenartigen Räumen. Sie waren unterschiedlich groß und bis in den letzten Winkel mit Flüchtlingen gefüllt. Familien wurden oft auseinandergerissen. Betten gab es keine. Entlang der feuchten Wände standen lediglich flache Holzbänke, auf denen die Menschen auch schlafen mussten. »Die alten Frauen stöhnten angesichts dieser Zustände. Ich hatte den Eindruck, dass sie sich lieber den Tod wünschten, als noch weiterzuleben. Es gab doch auch nichts, was sie aus ihrer Verzweiflung hätte reißen können. Die Luft im Bunker war klamm und verbraucht. Es konnte ja nicht gelüftet werden. Von den Toiletten her strömte ein entsetzlicher Gestank durch das gesamte Gebäude. Sie waren stets besetzt, weil viele Menschen an Durchfall litten. Eine ärztliche Versorgung gab es nicht. Die Leute, die hier an Typhus oder Ruhr erkrankten, überlebten das nicht. Dazu waren auch die hygienischen Verhältnisse zu schlecht. Wir konnten uns zwar waschen und wurden mit Pulver entlaust, aber was nützte uns das, wenn wir anschließend wieder unsere schmutzige und verlauste Kleidung anziehen mussten?«

Trotz der unerträglichen Zustände verließen die Tarrachs den Bunker kaum. Sie lungerten in den Räumen herum und warteten. Kurts kleiner Bruder saß fast immer auf dem Holzkoffer, in dem die letzte Habe der Familie zusammengepackt war. »Meine Mutter hatte ihn darauf gesetzt, damit niemand an die Sachen ging und uns dieses Letzte auch noch raubte. Mir hatte sie streng verboten, das Lager zu verlassen, aus Angst, dass ich mich in Berlin verlaufen und nicht zurückfinden könnte. So saß ich mehr oder weniger die ganze Zeit in diesem schummrigen, feuchten Bunker und döste vor mich hin.« Ein wenig frische Luft schnappten die Tarrachs nur, wenn sie sich draußen für das Essen anstellten. Auch in der Albrechtsstraße gab es nichts als ein bisschen Suppe und einen Kanten Brot. Für den vierzehnjährigen Kurt viel zu wenig. »Einmal war ich so ausgehungert, dass ich diese Scheibe Brot mit einem Biss verschlang und mich sofort wieder anstellte. Da sagte der Mann an der Gulaschkanone: ›Du hast dein Essen doch schon bekommen, jetzt sind die andern an der Reihe.‹ ›Ich habe aber noch Hunger‹, habe ich gebettelt, und mir standen die Tränen in den Augen. Ich habe dann vom Abfall noch einen Rest Brot abgekriegt.« Dass der russische Posten am Eingang des Bunkers auch die wässrige Kohlsuppe und die dünne Scheibe Brot aß, konnte den Jungen nicht trösten. »Ich war mir sicher, dass er sich später in seiner Kompanie richtig satt essen würde. Er sollte dort am Eingang bloß demonstrieren, wie gut diese Suppe schmeckte, denn die Leute im Bunker waren ja schon am Protestieren über die schlechte Ernährung.«

Hinter dem russischen Posten, hinter den schweren, doppelten Stahltüren der Eingangsschleuse befand sich im Vorraum des Bunkers eine kleine Loge. Daneben hing das schwarze Brett. Es war mit Zetteln übersät. Namen, Fluchtverläufe, Adressen und Treffpunkte waren darauf geschrieben, für den Fall, dass es Verwandte oder Bekannte einmal in das gleiche Lager verschlagen sollte. »Hier stauten sich die Menschen, besonders wenn ein neuer Transport eingetroffen war. Jeder schaute zuerst, ob für ihn eine Nachricht hinterlassen worden war, oder schrieb eine eigene und versuchte, sie am Brett zu befestigen, obwohl es schon so voll war, dass die Zettel kaum noch hielten. Vor diesem Brett herrschte ein großes Tohuwabohu. Es kam vor, dass Menschen unter Tränen zusammenbrachen, weil sie auf einem der Zettel gelesen hatten, dass Familienangehörige auf der Flucht umgekommen waren.«

Allerdings geschah es nicht allzu oft, dass Vertriebene eine Nachricht für sich am Schwarzen Brett vorfanden. Es war schon ein großer Zufall, wenn Familienangehörige, die sich in den Kriegswirren oder auf der Flucht verloren hatten, durch ein- und dasselbe Berliner Flüchtlingslager gingen. Sollten Zusammenführungen häufiger gelingen, war es notwendig, neben der Zettelwirtschaft in den einzelnen Lagern eine zentrale Organisation mit dieser Aufgabe zu betrauen. So wurde in Berlin sehr bald der Entschluss gefasst, einen Suchdienst aufzubauen. Bereits im Juni hatte der Magistrat die namentliche Registrierung der Vertriebenen gefordert, um Zusammenführungen zu erleichtern. Diese Anordnung wurde Ende Juli durch den Beschluss ergänzt, eine regelrechte Suchkartei zu erstellen. Im September gingen die Fragebögen für diese Kartei in Druck, und am 1. Oktober schließlich wurde durch den Magistrat die Einrichtung einer eigenen Behörde für den Suchdienst beschlossen. Gleichzeitig wurden alle Vermittlungsinitiativen seitens anderer Stellen untersagt. Das Rote Kreuz, die evangelische und katholische Kirche, die Polizei und wieder einmal die Abteilung Ausgewiesene und Heimkehrer, die zunächst die Organisation des Suchdienstes übernommen hatte, sollten bis zum 3. November ihre Arbeit beenden und alle Unterlagen an die neue Zentrale in der Parochialstrasse 1–3 übergeben. Damals ahnte wohl niemand, wie lange der Suchdienst aktiv bleiben würde. Noch über Jahre wurden in den DEFA-Vorfilmen *Der Augenzeuge* in Berlin aufgefundene Flüchtlingskinder vorgestellt und deren Eltern oder sonstige Angehörigen aufgefordert, sich bei dem Suchdienst zu melden.

Nicht nur für die Vertriebenen war diese Einrichtung zuweilen ein Segen. Auch für die Stadt Berlin bedeutete es eine Entlastung, wenn Familien zusammengeführt werden konnten. Sie konnten dann gemeinsam betreut und weitergeleitet werden. Jede Bündelung war hilfreich. Überschaubarkeit und Ordnung waren das A und O einer erfolgreichen Flüchtlingsversorgung. Die Abteilung Ausgewiesene und Heimkehrer war daher insgesamt darum bemüht, die Vertriebenen so weit wie möglich ihrem Einflussbereich zu unterstellen. Initiativen der Heimatlosen, ihr Schicksal selbst in die Hand zu nehmen – sei es beim Beschaffen von

Fragebogen

der Suchzentrale des Hauptamtes für Sozialwesen
beim Magistrat Berlin

1. Ich suche:

Name: _Houck_ (bei Ehefrauen auch Mädchenname) Vorname: _Friedrich_
geboren am: _28.3.1908_ in _Hintschükin_ Kreis: _Lauenburg_
Familienstand: _3_ Beruf: _Maurer_ Staatsangehörigkeit: _Deutsch_
Letzter ständiger Wohnsitz: _____ (Ort)
_____ (Kreis) _____ (Straße) _____ (bei)
Besondere Vermerke: _____

2. Mein Name: _Houck geb. Sommer_ Vorname: _Gerda_
(bei Ehefrauen auch Mädchenname)
geboren am: _14.12.1912_ in _Mierkenhof_ Kreis: _Putzig_
Familienstand: _3_ Beruf: _Ehefrau_ Staatsangehörigkeit: _Deutsch_
Letzter ständiger Wohnsitz: _Hintschükin_
Krs. Lauenburg i/Pommern
(Kreis) (Straße) (bei)
~~Vorübergehender~~ Aufenthalt: _____
(Kreis) (Straße) (Ort) (bei)

Wohin soll Antwort gegeben werden, falls noch kein ständiger Wohnsitz vorhanden ist:

Berlin, den _28.10.45_ 1945

Gerda Houck
(Unterschrift)

Anmerkung:
Vorläufig können Auskünfte über Kriegsgefangene, die sich noch in Kriegsgefangenschaft befinden, nicht gegeben werden. Darüber erfolgt noch Bekanntmachung.

Magistratsdruckerei, Berlin N 4, Linienstr. 139—140.

Fragebogen der Suchzentrale des Hauptamtes für Sozialwesen beim Magistrat Berlin, Oktober 1945. Der Suchdienst führte viele Familien zusammen.

zusätzlichen Lebensmitteln, sei es bei dem Versuch, dauerhaft in Berlin unterzukommen –, wurden nicht gerne gesehen. Es war mehr als ärgerlich, wenn Menschen, die sich schon etwas zu essen erbettelt oder erhamstert hatten, nochmals eine Mahlzeit im Lager entgegennahmen. Die Rationen waren knapp; wer sich in dieser Situation doppelte Verpflegung ergatterte, tat dies auf Kosten der Schwächsten. Der Abteilung Ausgewiesene und Heimkehrer sowie allen anderen Einrichtungen, die sich an der Flüchtlingsversorgung beteiligten, war daher eine passive Flüchtlingsmasse am liebsten. Sie ließ sich am problemlosesten lotsen und lenken, je nachdem, wie es die Umstände gerade erforderten.

Trotz aller Bemühungen um Ordnung erreichte die städtische Flüchtlingsversorgung allerdings nie eine zufriedenstellende Qualität. Um das Elend der Vertriebenen einzudämmen, war daher jede noch so kleine Unterstützung von privater oder kirchlicher Seite wichtig. Bemerkenswert war beispielsweise eine Initiative für Flüchtlingswaisen im Bezirk Grunewald, von der der *Tagesspiegel* am 27. Oktober berichtet: »Dort übernehmen Straßengemeinschaften für einzelne Kinder die Patenschaft. Aus den Anwohnern einer Straße wird ein Ausschuss gebildet, der sich um die Unterbringung und leibliche und geistige Pflege des jeweiligen Patenkindes kümmert; er sammelt Kleidung und Unterstützungsgelder und übernimmt die Verantwortung für das Wohlergehen seines Schützlings.«

Solcher Einsatz war durchaus kein singuläres Phänomen. Anneliese Schwarz war für die Dahlemer Annengemeinde tätig und versorgte die Heimatvertriebenen im Auftrag der Kirche. »Die Menschen gingen zur Annenkirche und erhofften sich hier Hilfe. Die meisten von ihnen kamen aus einem Flüchtlingsheim in der Nähe, in der Königin-Luise-Straße 13, wo sie allerdings nur notdürftig versorgt wurden. Andere waren ganz ohne Bleibe und wussten überhaupt nicht, wo sie hin sollten. Unsere Gemeinde sah es in dieser Situation als ihre Christenpflicht an, ihnen zu helfen.« Anneliese Schwarz, eine ausgebildete Sozialarbeiterin, war bis kurz vor Kriegsende im staatlichen Mütterdienst tätig gewesen. In Schulungen hatte sie junge Frauen auf ihre Mutterrolle vorbereitet. Nach der Kapitulation war die Neununddreißigjährige zunächst arbeitslos. Doch schon bald trat der Dahlemer Gemeinderatsvorsitzende mit der Bitte an sie heran, bei der Betreuung der Notleidenden zu helfen.

So wurde Anneliese Schwarz schließlich in der Annengemeinde angestellt. »Die Heimatlosen hofften, dass sie von uns versorgt würden. Im Lager bekamen sie ja nur ein Süppchen und ein bisschen Muckefuck. Sonst nichts. Das war zu wenig, und Kleidung wurde dort überhaupt nicht verteilt; dabei trugen die Leute oft nur noch Fetzen am Leib. Wir halfen ihnen, so weit wir konnten: In der Gemeinde wurden Wäsche, Kleidung und Schuhe gesammelt. Der Pfarrer rief in seinen Predigten zum Spenden auf.«

War das Lager in der Königin-Luise-Straße überfüllt und die Flüchtlinge konnten dort nicht unterkommen, zogen sie zum Gotteshaus in der Nähe der U-Bahnstation Dahlem-Dorf weiter. Anneliese Schwarz und ihre Mitarbeiterinnen boten ihnen erst mal ein Plätzchen zum Ausruhen im Gemeindehaus an. Anschließend versuchten sie, für die Menschen eine Unterkunft zu finden. Die Annengemeinde hatte einen guten Überblick über freistehende Häuser und Wohnungen in Dahlem. In ihnen wurden in Absprache mit dem Bezirksamt die Heimatvertriebenen untergebracht. Darüber hinaus versuchte Anneliese Schwarz, Schlafstellen bei Gemeindemitgliedern zu vermitteln. »Die lebten ja oft in größeren Villen und hatten genügend Platz. Außerdem hatten wir einmal in der Woche eine Sprechstunde, in der wir die Flüchtlinge über weitere Unterbringungsmöglichkeiten in Berlin informierten.« Die Kirchengemeinde konnte natürlich nicht die Aufgaben eines Flüchtlingslagers übernehmen, aber sie füllte sozusagen eine der Lücken, die die behördliche Flüchtlingsversorgung offen ließ.

An manchen Tagen war das Gemeindehaus der Annenkirche einem Flüchtlingsheim ziemlich ähnlich. Zwar konnten die Vertriebenen hier nicht längerfristig wohnen, aber in der größten Not ließ Anneliese Schwarz sie schon mal die eine oder andere Nacht in den Räumen der Gemeinde schlafen. An zwei Tagen in der Woche wurden warme Mahlzeiten verteilt, dann strömten die Menschen vom Lager in der Königin-Luise-Straße herüber. Sonntags wurden im Gottesdienst Brote gesammelt, die dann – mit Margarine noch etwas gehaltvoller gemacht – an die Flüchtlinge verteilt wurden. »Die Leute stürzten sich regelrecht darauf, so ausgehungert waren sie. Sie waren wirklich sehr elend. Für uns war es sehr schön, zu erleben, wie unser Engagement das Leid dieser Menschen etwas linderte. Wir versuchten außerdem, sie seelisch zu unterstützen, indem wir einfach ein offenes Ohr für ihre Sorgen hatten oder sie in der Gesangsgruppe der Gemeinde mitmachen ließen.«

Unterstützt wurde die Arbeit der Gemeinde von den amerikanischen Besatzern, deren Headquarter sich seit Anfang Juli in den von Hermann Göring für die Luftwaffe errichteten Kasernen in der heutigen Clayallee befand. Regelmäßig brachten sie Lebensmittelpakete zur Kirche oder benachrichtigten Anneliese Schwarz, wenn für die Vertriebenen Essen übrig war.

Doch auch in der Annengemeinde führten die Flüchtlinge alles andere als ein Leben in Vollpension. Zwar erfuhren sie von vielen Seiten Hilfe, aber diese Hilfe blieb doch immer lückenhaft und provisorisch: Nur zweimal in der Woche erhielten sie Verpflegung, nur an einem Tag in der Woche gab es eine speziell für sie eingerichtete Sprechstunde; die Versorgung durch die Amerikaner war unstet, sie konnte jeden Tag beendet sein, für wie viele Flüchtlinge sie reichte, stand niemals fest.

In den offiziellen Lagern jedoch war die Situation eher noch schlechter. Gelang es nicht, genügend Lebensmittel für die Flüchtlinge zu beschaffen, mussten sie eben hungern – oder sich selbst etwas organisieren. »Sie nahmen's, wo sie's kriegen konnten«, erinnert sich Anneliese Schwarz. Unter den Heimatvertriebenen, die eng zusammengepfercht lebten, breitete sich daher rasch ein großes Misstrauen gegeneinander aus. Jeder hütete den wenigen Besitz, der ihm nach der Flucht noch geblieben war, wie ein Heiligtum: die Familie von Ida Dahlke, die immer einen Wachposten beim Fluchtgepäck auf dem Stettiner Bahnhof zurückließ; die Mutter der Brüder Baumgart, die sich niemals von der Tischecke im Lager Kruppstraße entfernte; der kleine Bruder von Kurt Tarrach, der fortwährend auf dem kleinen Holzköfferchen thronte. »Wir ließen unsere Sachen nie aus den Augen«, erinnert sich Kurt Tarrach. »Wenn es die Menschen überall zwickte und juckte, weil sie Läuse hatten und die Haut von Ausschlägen überzogen war, wenn sie, wie eingesperrt, in dieser stickigen Atmosphäre des Bunkers hockten und niemals richtig satt wurden, wenn sie tagein, tagaus das Stöhnen und Jammern ihrer Nachbarn ertragen mussten, bis die Nerven allmählich blank lagen, dann hatten sie den Sinn für Mitmenschlichkeit verloren. Mit gegenseitiger Hilfe oder Solidarität unter Flüchtlingen konnte niemand rechnen. Jeder war sich selbst der Nächste.«

Die Familie von Kurt Tarrach übertrieb nicht mit ihrer Vorsicht. Diebstähle und Betrügereien wurden zu einem immer größeren Problem in den Lagern. Anfang 1946 versuchte die Abteilung Ausgewiesene und Heimkehrer den Gaunereien ein Ende zu bereiten, indem sie in Rundschreiben an die Lagerleiter regelrechte Steckbriefe von kriminell gewordenen Flüchtlingen abdruckte. Unter den Delikten kommen »Deckendiebstahl« und »Fälschen oder Diebstahl von Essensmarken« besonders häufig vor. So heißt es zum Beispiel in einem der Rundschreiben über die Zwanzigjährige Hildegard J.: »Sie war im Lager Pankow untergebracht, tauchte in den Bezirken Kreuzberg und Wedding auf, erschwindelte Lebensmittelkarten und Verpflegung. Die J. erscheint auch unter dem Namen G. Petersen.« Heimatlose wie die junge Hildegard J. wurden natürlich nicht reich durch ihr kriminelles Handeln; es ging einzig um das alltägliche Sattwerden. Die Behörden allerdings, die in den Dienstschreiben kalt und hartherzig wirken, waren darum bemüht, das Flüchtlingselend durch eine möglichst umfassend organisierte Betreuung allmählich in den Griff zu bekommen. Alle Unregelmäßigkeiten, die die vorgesehenen Versorgungsabläufe durcheinander brachten, hatten angesichts der Umstände schwerwiegende Konsequenzen. Wo ohnehin Notstände herrschten, war das Fälschen von Lebensmittelkarten ein gravierendes Delikt.

Der Wille zum harten Durchgreifen von Seiten der Polizei und der Abteilung Ausgewiesene und Heimkehrer war durchaus berechtigt. Zumal sich die Situation in der Flüchtlingsversorgung trotz aller Anstrengungen bis zum Jahresende um keinen Deut verbessert hatte. Nach wie vor trafen unangemeldet »wilde« Flüchtlingstransporte in Berlin ein. Immer noch war es nicht möglich, vom Eintreffen der Züge früh genug zu erfahren, und die Konsequenzen waren im Winter weitaus drastischer. Der Leiter des Flüchtlingslagers Pankow schildert in seinem ersten Bericht des Jahres 1946 an die Abteilung Ausgewiesene und Heimkehrer, im Dezember seien 2.400, im Januar 2.600 Flüchtlinge bei extremen Minusgraden in offenen Güterzügen unangemeldet auf dem Bahnhof Pankow-Schönhausen angekommen. »In den Wagen lagen Tote … Viele kamen halb verhungert, barfuß durch den Schnee gewankt. In wenigen Minuten hatte ich alles in Alarm gesetzt. Zwei Polizeireviere und alle Sanitäter sammelten die zusammengebrochenen Menschen von der

Straße auf Schlitten, um die Unglücklichen vor dem Erfrieren zu retten. Da es zu viele waren, musste ich beide Male ungefähr 800 Personen in andere Lager mit Aufnahmemöglichkeiten weiterschicken.«

Vor dem Kältetod waren sie dort auch nicht immer sicher. Die Lager sahen am Jahresende nicht besser aus als im Sommer und Herbst. Defekte Dächer und Fenster konnten auch zum Winter hin nicht repariert werden, weil das nötige Material – Glas, Blech, Scharniere – fehlte. Da in Berlin zudem Brennstoffknappheit herrschte, wurden die zugigen Gebäude nur äußerst dürftig, mitunter gar nicht geheizt. Von den »menschenwürdigen Zuständen«, die in den von der Abteilung Ausgewiesene und Heimkehrer herausgegebenen Richtlinien für den Aufbau eines Umsiedlerlagers gefordert wurden, konnte keine Rede sein. Die Flüchtlinge wohnten und lebten nicht in Heimen, sondern hausten und vegetierten in eisigen Notunterkünften. Die Stadt Berlin traf an dieser Misere keine Schuld – Brennstoff und intaktere Unterkünfte konnten nicht herbeigezaubert werden. Doch Empfindungen wie Geborgenheit und Hoffnung, die für Werner Pflughaupt mit der Ankunft in Lichtenrade verbunden waren, kamen am Jahresende bei den Menschen in den Lagern Berlins kaum mehr auf.

Helft helfen heißt ein zwanzigminütiger Dokumentarfilm, der im Auftrag des Internationalen Roten Kreuzes gedreht wurde. Er zeigt das Flüchtlingselend in Berlin und appelliert an ein europäisches Publikum, für die Betroffenen zu spenden. Auf den Aufnahmen sieht man Kleinkinder mit aufgeblähten Bäuchen und knochendünnen Ärmchen und Beinchen. Die Haut ist von Flecken übersät. Eine Frau bricht beim Betreten des Untersuchungszimmers vor Entkräftung fast zusammen. Ein kleines Mädchen hockt eingemummt in Schals am Krankenlager seiner Mutter und weint. Der Film ist von 1948 und zeigt Aufnahmen aus den vergangenen drei Jahren. Schon Anfang 1946 hatte der Beobachter des Internationalen Roten Kreuzes an die Zentrale in Genf geschrieben: »Die schwierigsten Zeiten stehen Berlin noch bevor.«

Unterwegs in Berlin

Berlin aber hatte in jenen Jahren noch ein anderes Gesicht. Das der wieder erwachenden Weltstadt. In Berlin wurde wieder aufgebaut, es gab eine Zukunft. Die Berliner wollten wieder leben, sich amüsieren. Cafés, Theater, Kinos öffneten wieder ihre Türen. Diesem Berlin stand die Wirklichkeit der Vertriebenen in den Lagern krass entgegen: Hier passives, apathisches Warten und Hoffen auf eine ungewisse Zukunft, dort Wiederaufbau und Neubeginn. Doch die eine Wirklichkeit war gegen die andere nicht hermetisch abgeschlossen. Auch die Flüchtlinge lebten in Berlin, auch sie kamen in Berührung mit der wieder erwachenden Großstadt.

Im Juli 1945 durchstreifte ein Filmteam der US-Truppen Berlin und drehte eindrucksvolle Bilder von der zerstörten Stadt. Lange Kamerafahrten dokumentieren die Vernichtung ganzer Straßenzüge, spektakuläre Flugaufnahmen zeigen die Verwüstung der einzelnen Stadtbezirke. In mehreren Einstellungen sieht man die Berliner an Wasserpumpen und Ausgabestellen für Lebensmittel anstehen, in anderen ziehen schier endlose Reihen von Flüchtlingszügen durchs Bild. Gut eine Stunde Farbfilm lagert im National Archive in Washington – eine einzigartige Dokumentation des Lebens im Nachkriegs-Berlin.

Doch nicht nur Zerstörung und Elend sind auf dem Zelluloid festgehalten. Aufnahmen vom Kurfürstendamm zeigen eine andere Seite Berlins: Vor den Cafés stehen Stühle, Tische und Sonnenschirme auf dem Trottoir; elegante Damen in schicken Kostümen sitzen dort bei Kaffee und Kuchen. Eine Frau führt ihren frisch frisierten Pudel spazieren. Zwei Mädchen mit modischen Sonnenbrillen flirten mit einem jungen Mann, der sein Jackett lässig über die Schulter geworfen hat. Aus der Menge der flanierenden Menschen heben sich weit geschwungene Damenhüte heraus, die Herren tragen gepflegte Sommeranzüge.

Der Kameramann hat einen engen Ausschnitt gewählt, konzentriert sich auf die Spaziergänger, den Hintergrund lässt er in der Unschärfe verschwinden. Nichts an diesen Bildern deutet auf den Endkampf hin, der nur wenige Wochen zuvor auf dem Boulevard tobte. Es sind Menschen mit lachenden, zufriedenen Gesichtern zu sehen, Menschen, die es offensichtlich genießen, endlich wieder genießen zu können. Die Berliner entdeckten ein altes Wort neu: Vergnügen.

Die Zerstörung des Ku'damms, vor deren Hintergrund sich das bunte Treiben abspielt, ist in einer zweiten Staffel von Aufnahmen zu sehen. Am Hotel am Zoo sind die Balkonböden teilweise heruntergestürzt, die Balustraden hängen wie sinnlose Feuerleitern frei in der Luft. Die Fenster sind mit Sperrholzplatten vernagelt. Die Berlitz School, Ecke Fasanenstraße, das Café Kranzler – ausgebrannte Ruinen, von denen nur noch die Fassaden stehen. Doch Bürgersteig und Straße sind vom Schutt freigeräumt, und die Zerstörung ringsum kann die Lebensfreude der Flaneure offensichtlich nicht trüben. Anfang, Neubeginn, Aufbau – danach stand der Sinn, nicht nach Rückblick und Vergangenheitsbewältigung. Ein Hauch der zwanziger Jahre, von Swing und Großstadtabenteuer spricht aus diesen Bildern. *In the mood*, das bekannte Jazzstück von Glen Miller, wurde in jenen Wochen zur beliebten Tanzmusik. Die Nazipropaganda schien vergessen. Amerikaner, Franzosen und Engländer wurden schnell zu Freunden, und auch mit den russischen Soldaten normalisierte sich das Zusammenleben allmählich. Wochenschauberichte der Alliierten zeigen die uniformierten Besatzer mit jungen Mädchen beim Tanz in Gartenlokalen und Biergärten, beim Techtelmechtel im Strandbad Wannsee. Sommer, es war doch Sommer, und es wurde nicht mehr geschossen. War der Alltag auch noch so entbehrungsreich – man wollte diesen Sommer so weit wie möglich genießen.

Und die Flüchtlinge? Regten sich auch in ihnen wieder die Lebensgeister? Nahmen sie teil an der Wiederbelebung Berlins? Mit der Ankunft in der Reichshauptstadt ging es ihnen doch ein wenig besser. Ein Teil ihrer Ängste und Sorgen konnten sie ablegen: Sie mussten keine Plünderungen oder Schikanen mehr befürchten, es drohten keine Verschleppungen nach Russland oder Zwangsarbeit mehr, die Frauen konnten wieder in Ruhe schlafen. Sicher mangelte es ihnen an allem: an Essen, an Kleidung, an einem Zuhause. Aber Berlin bedeutete doch ein Stück Befreiung, seelische Erleichterung, einen ersten Anfang. War es in dieser Situation nicht das Beste, raus in die Stadt zu ziehen, raus aus den dumpfen Lagerbaracken, hinein in das zu neuem Leben erwachende Berlin – und sei's auch nur als Zuschauer und Zaungast? Das Anstehen der Menschen vor den Kinokassen, die Pilgerzüge zu Theateraufführungen, das Gedrängel vor den Zeitungsläden – dies alles zu beobachten, war mit Sicherheit aufmunternde als schicksalsergeben in den Lagern zu hocken. Es verbat ja auch niemand den Flüchtlingen, selbst ins Theater oder Kino zu gehen, Konzerte zu besuchen oder sich in einem Café an dem ersten Friedenssommer seit langem zu erfreuen.

Die Heimatvertriebenen aber blieben lieber unter sich. Ihr Kontakt mit dem Berliner Leben war sporadisch und flüchtig. Das lag weniger an fehlendem Geld, denn viele Flüchtlinge hatten etwas retten können, und hätten sich Kultur und Vergnügungen in eingeschränktem Maße genauso leisten können wie die Berliner. Die Köpfe der Heimatvertriebenen waren jedoch von dem Gedanken an die Weiterleitung beherrscht. Berlin war für sie in den meisten Fällen eine Durchgangsstation auf dem Weg in eine neue Heimat, ein Ort, den man möglichst bald hinter sich lassen wollte. Der Westen, nicht die kulturelle Vielfalt der Reichshauptstadt lockte die Flüchtlinge. Viele von ihnen kamen aus kleinen Dörfern und fühlten sich fremd in der großen Stadt. Als Vertriebene und Heimatlose empfanden sie sich als soziale Außenseiter, schämten sich auch. Nur die wenigsten von ihnen waren neugierig zu erfahren, was in Berlin los war. In erster Linie waren das natürlich die Kinder. Mit jedem Tag, den sie im Lager verbrachten, wurden sie unruhiger.

Kurt Tarrach wurde das dumpfe Herumsitzen im Bunker schon am zweiten Tag unerträglich. Hinter dem Rücken seiner Mutter schlich er sich davon und stromerte durch die umliegenden Straßen. Etwas mulmig war ihm schon dabei, denn seine Mutter hatte gesagt, dass immer noch viele Blindgänger unter den Trümmern lägen. Verwundert bemerkte er aber vor allem die Ofenrohre, die hier und da aus dem Schutt herausragten und auf eine Wohnung unter den Ruinen hinwiesen. Von den Häusern hatten nur die Keller die Bombardements überdauert. Hierhin zogen sich die Menschen nun wie Höhlenbewohner zurück. Die Zugänge zu den Treppen waren wie Schächte in die Steinhaufen gegraben. Die Ruinenkulisse faszinierte den Vierzehnjährigen, hier roch es nach Abenteuer. Als er einen etwa gleichaltrigen Jungen in den

Trümmern herumklettern sah, vergaß er die Warnungen der Mutter und folgte ihm. Kurt sprach den Jungen an, was er denn auf den Schutthügeln mache. Es stellte sich heraus, dass er mit seiner Familie in einem der Keller unter den Trümmerbergen wohnte. Kurt war von den Erzählungen des Berliner Jungen ganz neugierig geworden, so dass der ihm schließlich vorschlug, ihn zu begleiten und sich die Behausung selbst einmal anzuschauen. So kraxelten die beiden Jungen gemeinsam über Mauerreste und Schutthügel zu der Notunterkunft der ausgebombten Familie. »In der Mitte des kleinen Raumes war ein Holzpfosten unter das Gewölbe gestemmt worden, damit es nicht zusammenbrach. Durch die Decke zog sich ein langer Riss. Es war schrecklich ärmlich in dieser Wohnung, und die Familie hauste hier ständig in der Gefahr, unter einsackenden Trümmern begraben zu werden. Da begriff ich, dass die Berliner auch nicht besser lebten als wir in unserem Bunker.«

Für Kurt blieb es bei diesem einen Ausflug in die Umgebung des Lagers. Schon am folgenden Tag wurde er weitergeleitet. Werner Müller und Marga, seiner fünfzehnjährigen Schwester, ging es ähnlich wie Kurt. Sie hielten es nicht lange aus, auf ihrem elenden Blätterlager im Stall 7 zu kauern und die Stunden zu zählen. Sie baten die Mutter, sich in der Umgebung umsehen zu dürfen. Maria Müller zögerte; die Sorgen und Ängste ihrer zweitägigen Odyssee durch Berlin, das Gefühl, sich in der großen Stadt zu verlieren, steckten ihr noch in den Knochen. Doch Werner und Marga bettelten so lange, bis ihre Mutter schließlich nachgab. So zogen die beiden Geschwister nur wenige Tage nach ihrer Ankunft in der Kruppstraße durch Moabit und erkundeten die Gegend. Vielleicht zehn Fußminuten vom Lager entfernt, am östlichen Ende der Perleberger Straße, entdeckten sie auf einer Brachfläche zwischen Ruinen einen winzigen Rummelplatz. Dort gab es zwei Karussells und einige kleine Buden. Kinder warfen mit Bällen auf Blechbüchsen oder zogen an einer Schnur, an deren Ende, wenn sie Glück hatten, ein Gewinn hing. Natürlich nichts Aufregendes, ein Bonbon, ein Bleistift oder ein Anspitzer. In den meisten Fällen eine Niete – ein Zettelchen mit einem Sinnspruch. Werner und Marga liefen zurück zum Lager und baten ihre Mutter um ein bisschen Geld. Eine Mark und fünfzig Pfennig bekam jeder der beiden. Ein Los kostete zwanzig Pfennig. Werner und Marga versuchten ihr Glück. Die Preise, die es zu gewinnen gab, fanden sie dann aber doch allzu enttäuschend, und sie verloren schnell das Interesse an den Losbuden. Auch der Wurfstand konnte Werner nicht besonders begeistern. Die Dosen erinnerten ihn an die ekelhaften Blechbüchsen für die Gasmasken, aus denen er im Lager essen musste. Der Gedanke daran, verdarb ihm von vornherein jede Freude an dem Wurfspiel. Er interessierte sich mehr für die beiden Karusselle. Primitive, altmodische Dinger ohne Motorantrieb. Sie wurden mit Muskelkraft bewegt. Strom und Benzin waren 1945 Luxusgüter, deren Zuteilung von den Alliierten streng kontrolliert wurde. Für Kirmesvergnügen waren sie viel zu kostbar. »Bei dem einen Karussell drehte ein Mann an einem großen Zahnrad und brachte es so in Schwung. Das andere war ein Kettenkarussell. Oben an der Mittelachse war eine Galerie angebracht, auf der lief ein Mann wie früher die Pferde im Kreis und setzte dadurch das Ganze in Bewegung. Das faszinierte mich. Der Mann musste sich aber nicht besonders ins Zeug legen, denn es kamen nur wenige Kinder zu seinem Karussell.« Die kleine Kirmes war nur spärlich besucht und wirkte ein wenig traurig. Musik gab es nicht, nicht einmal ein Drehorgelspieler war da, und die Losbudenbesitzer blieben die meiste Zeit stumm – großartige Gewinne hatten sie ja auch nicht zu verkünden. So blieb das seltene Scheppern der Blechbüchsen oder der gelegentliche Jubel eines Kindes das Einzige, was für ein bisschen Stimmung sorgte.

Der Rummelplatz begann Werner und seine Schwester zu langweilen; ein zweites Mal besuchten sie ihn nicht. Marga fand sich auch zu alt für solch kindische Vergnügungen. Mit ihren fünfzehn Jahren fühlte sie sich eher als junge Frau denn als kleines Mädchen. Begeistert reagierte sie daher auf den Vorschlag ihrer Mutter, mit ihr gemeinsam zum Friseur zu gehen. Sie kam sich verwahrlost und ungepflegt vor und wollte neben den Berlinerinnen doch nicht wie ein hässliches Entlein aussehen. Man sollte in ihr nicht gleich das arme Flüchtlingskind erkennen. Werner wurde nun dazu verdonnert, auf seine beiden jüngeren Geschwister aufzupassen, und Marga und ihre Mutter machten sich auf zum Friseur. Von anderen Flüchtlingsfrauen hatte Maria Müller eine Adresse in der Nähe des Lagers erfahren. Ein kleiner Salon in einem unversehrten Haus; die gesamte Einrichtung war heil geblieben. Nach einigem Zögern entschied Marga sich für eine Dauerwelle. Die Erste in ihrem Leben. Ihre langen Zöpfe fielen der Schere zum Opfer, und aus dem ostpreußischen Mädel wurde eine flotte junge Dame – so weit das für eine Heimatvertriebene möglich war. Die Müllers lebten ja immer noch in dem ehemaligen Pferdestall auf einem Blätterlager. Dennoch: es gab plötzlich wieder anderes als nur die Sorge ums tägliche Brot, ums reine Überleben. Werners jüngerer Bruder Siegfried neckte Marga wegen der ungewohnten Lockenpracht. Er selbst fand seine Schwester dagegen recht schick mit der neuen Frisur und war ein bisschen stolz auf sie.

Marga gefiel es, sich mit ihrem neuen Haarschnitt zu zeigen. Umso mehr drängte es sie hinaus aus dem Lager. Das junge Mädchen überredete seine Mutter, mit ihr ins Kino zu gehen. Sie sehnte sich nach einer heilen Welt, und eine heile Welt, im wörtlichen Sinne, gab es nur noch auf Fotos oder auf Zelluloid zu sehen. *Träumerei* hieß der Film, den sich Mutter und Tochter ansahen. Ein Film über die Liebe zwischen Clara und Robert Schumann mit Hilde Krahl und Mathias Wiemann in den Hauptrollen. Eine Romanze voll edler Gesinnung und schöner Worte, über Kunst und Liebe, die die täglichen Nöte für kurze Zeit vergessen ließ. *Träumerei* war bereits 1944 produziert worden. Damals standen Filme, die hehre Gedanken über Künstlertum und ewige Liebe vermittelten, angesichts der drohenden Niederlage des Reiches bei Propagandaminister Goebbels hoch im Kurs. Dass geistige Erbauung in Krisenzeiten unbedingt nötig sei, davon gingen dann auch die alliierten Besatzer aus, die den Film 1945 zuließen. In ihren Augen war gute Unterhaltung für den Wiederaufbau sehr wichtig, da sie die Menschen von ihren drückenden Sorgen ablenkte und dadurch seelisch stärkte. Der erste sowjetische Stadtkommandant Generaloberst Bersarin hatte schon bei der Einführung des neuen Magistrats am 19. Mai verkündet, die Künste hätten die Aufgabe, der Bevölkerung der Stadt Berlin, »die gut und hart arbeiten wird, die Möglichkeit zu geben, Befriedigung und Entspannung zu finden«. Mitte Mai hatten dieser Weisung entsprechend bereits dreißig, Ende Juni schon 127 Kinos ihre Pforten wieder geöffnet. Täglich wurden die Vorführungen von etwa 100.000 Menschen besucht. Der Eintritt lag je nach Sitzplatz zwischen sechzig Pfennig und einer Reichsmark. Zeigte man anfänglich nur sowjetische Wochenschauen, so waren bald auch amerikanische und deutsche Filme zu sehen. Sowohl Stalin als auch die Amerikaner wussten um die Macht der Bilder. Sie nutzen das Medium des Films auch dazu, den Deutschen ihre Untaten vor Augen

Warteschlange vor dem Kino Cosima in Friedenau, das Charlie Chaplins *Goldrausch* zeigt, Herbst 1945.

zu führen und ihnen ein neues Bild von den Geschehnissen des Zweiten Weltkrieges zu vermitteln. Im Herbst liefen in Berlin zwei Dokumentarfilme über Stalingrad und Auschwitz. Doch die notleidende Berliner Bevölkerung sollte auch nicht in lähmender Selbstverachtung versinken. So kamen eben auch erbauliche Unterhaltungsstreifen wie *Träumerei*, *Große Freiheit Nr. 7*, der ebenfalls 1944 gedrehte Klassiker mit Hans Albers, oder Charlie Chaplins *Goldrausch* in die Kinos.

Auch bei Marga und Maria Müller verfehlten die »laufenden Bilder« ihre Wirkung nicht. Seine Schwester erschien Werner wie ausgewechselt, als sie von ihrem Kinobesuch ins Lager zurückkehrte. Sie schwärmte noch tagelang von der dramatischen Liebesgeschichte des Musikerpaares. Wie sehr der Film das junge Mädchen damals beeindruckt haben musste, erkannte Werner jedoch erst vier Jahre später. Als *Träumerei* 1949 noch einmal über die deutschen Leinwände lief, zerrte die frisch verheiratete Marga ihren Mann regelrecht ins Kino. Er sollte den Film unbedingt sehen, denn es war ja nicht nur ein Film mit einer herzergreifenden Geschichte, sondern vor allem der erste Film, den Marga nach den Monaten der Flucht überhaupt wieder gesehen hatte. *Träumerei* war mehr als ein bloßes Kinoerlebnis; es war die Erfahrung, dass die Sehnsucht nach Liebe, der Sinn für Schönheit, ein Verlangen nach Kunst und Kultur die Schrecken und Grausamkeiten des Krieges und der Flucht überlebt hatten.

Die letzten Filme, die Werner in Rastenburg gesehen hatte, waren Propagandastreifen, in denen es um den Heldentod deutscher Kampfflieger ging. Die Aufnahmen von angreifenden und herabstürzenden Flugzeugen hatten den Jungen natürlich tief beeindruckt. Die feinsinnige Liebesgeschichte von *Träumerei* interessierte den Dreizehnjährigen dagegen wenig. Trotz allen Schwärmens seiner Schwester bekam Werner keine Lust, sich den Film auch anzuschauen. Da gab es spannendere Dinge in Berlin.

Unter den Jungen im Lager Kruppstraße war ein Panzerwrack der deutschen Wehrmacht in der Nähe des Lehrter Bahnhofs Gesprächsthema Nummer eins. Bei der erstbesten Gelegenheit lief Werner dorthin. Eine Hand voll Kinder war bereits da, darunter auch Berliner. Aber nach der Herkunft wurde jetzt nicht viel gefragt. Schnell waren zwei Parteien gebildet: Angreifer und Verteidiger, dann wurde »Krieg« gespielt. Die Verteidiger durften zuerst in den Panzer, die Angreifer mussten sich an ihn heranschleichen und ihn erobern. Werner gehörte zu den Angreifern. Nach einer Weile hatte seine Gruppe das Kettenfahrzeug in Besitz genommen. Werner kletterte zur oberen Luke hinauf und stieg hinunter in den Gefechtsstand. Er war überrascht, wie eng der Raum war und wunderte sich über den Gestank nach angekokeltem Kunststoff, der auch noch gut vier Monate nach der Schlacht um Berlin aus allen Ritzen stieg. An den Armaturen waren Knöpfe geschmolzen und Scheiben zersprungen. Werner versuchte sich vorzustellen, wie der Panzer während der Kämpfe getroffen worden war. Das war unheimlich und faszinierend zugleich. Seine Begeisterung war jedoch schlagartig beendet, als einer der Jungen plötzlich einen grausigen Fund machte. »In einer Ecke des Fahrzeugs lag ein total verbrannter Fuß mit Unterschenkel. Ich glaube, uns allen wurde schlecht bei der Entdeckung, und keiner von uns ist jemals zu diesem Panzer zurückgekehrt.«

Die Berliner Jungen sah Werner nie wieder. Überhaupt schloss er

Kinder spielen auf einem Panzerwrack. Hermannstraße in Neukölln, Juni 1945.

während der neun Wochen in der Reichshauptstadt keine Freundschaft mit einheimischen Kindern. Es konnte ja jederzeit weitergehen Richtung Westen. Was sollten da Freundschaften? Vielleicht spielten auch Scham und Neid eine Rolle. Die Heimatvertriebenen vegetierten am Rande der Gesellschaft in ihren Lagern oder gar unter freiem Himmel auf den zerstörten Bahnhöfen. Sie trugen abgenutzte, schmuddelige Kleidung, egal welcher Herkunft sie waren. In der sozialen Hierarchie der Nachkriegsgesellschaft standen sie ganz unten. Das Leben der Berliner normalisierte sich dagegen von Tag zu Tag mehr. Väter kehrten aus der Kriegsgefangenschaft zurück, Wohnungen wurden instand gesetzt, neue Häuser aus den Trümmern errichtet. Das Wort Zukunft bekam ein konkretes Gesicht. Der Wiederaufbau brachte Arbeit mit sich, Handwerker und Facharbeiter waren äußerst gefragt, in Schnellkursen wurden Trümmerfrauen zu Maurern geschult.

Die Aus- und Weiterbildung der Bevölkerung sicherzustellen, war eines der obersten Ziele Berliner Stadtpolitik. Seit dem 2. Oktober wurde wieder an allen Schulen unterrichtet, und trotz aller Missstände bekamen viele »i-Pünktchen« sogar Tüten mit Süßigkeiten geschenkt. In den Schulen wurden außerdem regelmäßig Mahlzeiten ausgegeben. Kein Wunder, dass die Berliner Kinder mit guter Laune ihren Ranzen über die Schulter warfen und sich früh morgens beschwingt auf den Weg zum Unterricht machten. Die Flüchtlingskinder, die oft länger als ein Jahr kein Klassenzimmer von Innen gesehen hatten, fühlten sich demgegenüber natürlich benachteiligt und minderwertig. »Wir hatten den Eindruck, dass wir als Lumpengesindel wahrgenommen wurden, dass man uns als Abschaum betrachtete. Wir waren ja auch immer schlecht angezogen und schmutzig. Was blieb uns anderes übrig? Wir besaßen doch keine Wäsche zum Wechseln.« Lothar und Horst Baumgart fiel es nicht leicht, ihre Rolle als Außenseiter zu akzeptieren. Fühlten sie sich von den Berlinern verachtet, verachteten sie nun ihrerseits die Berliner. »Die Berliner hatten bei uns den Ruf, eine große Klappe zu haben. Wir hatten einige von ihnen ja schon in Ostpreußen kennen gelernt, wohin sie evakuiert worden waren. Daher wussten wir, dass sie sehr frech waren. In Berlin erlebten wir dann manchen Zank mit ihnen; wir waren ja auch nicht ohne.« Die Streitereien hatten nie wichtige Anlässe. Sie entstanden eher aus einer grundsätzlichen Gereiztheit, mit der Lothar und Horst den Berliner Kindern begegneten. Sie schämten sich für ihre Armut und kaschierten ihre Unsicherheit durch aggressives Auftreten.

Lothar und Horst brachen des öfteren zu kleinen Stadterkundungen auf. Eines ihrer häufigsten Ziele war ein Lokal im Ostsektor. Dort konnten sie für wenige Pfennige, die ihnen die Mutter mit auf den Weg gab, eine Brennesselsuppe bekommen. Es handelte sich um eine der so genannten Volksgaststätten, die ab dem 1. November eingerichtet worden waren. Hier sollten alle Berliner, die wegen fehlenden Heizmaterials nicht selbst kochen konnten, eine billige, aber doch schmackhafte Mahlzeit erhalten. Die Wirte bekamen das einfache Essen von drei Großküchen geliefert. Inmitten der dunstigen Stube, die prall gefüllt war mit heißhungrigen, schlürfenden Menschen, die ihre Teller bis zum letzten Tropfen auslöffelten, vergaßen Lothar und Horst ihre Antipathien gegenüber den Berlinern. Sie schauten in die Runde. Da waren schwitzende Männer mit geröteten Backen, die ihr Essen schnell in sich hineinschlangen, Frauen, die mit ruhiger und dankbarer Miene dasaßen und neben der Suppe die Wärme der Gaststätte genossen. Auch stille, ernste Gesichter entdeckten die beiden Jungen, Menschen, die den Löffel geradezu andächtig langsam zum Mund führten, bedachtsam schluckten, als würden sie etwas ganz besonders Erlesenes zu sich nehmen. In der Volksgaststätte fühlten sich die beiden Brüder unter ihresgleichen. Glücklich und zufrieden hockten sie auf einfachen Holzbänken vor ihrer Suppenschüssel und ließen es sich schmecken.

Natürlich waren sie auch neugierig auf Berlin. Militärparaden auf der Ost-West-Achse durchs Brandenburger Tor, hohe Staatsgäste auf dem Pariser Platz vor dem Hotel Adlon, die Ministerien und die Reichskanzlei in der Wilhelmstraße – aus den Wochenschauberichten hatten sich die beiden Jungen ein Bild von der Reichshauptstadt gemacht. Wie sah Berlin nun aber wirklich aus? Lothar und Horst streunten herum und zogen immer größere Kreise um das Lager. Besonders beeindruckt waren sie von der Siegessäule. So ein großes Denkmal hatten sie noch nie gesehen. Hier bot sich ihnen ein seltsames Bild. Neben dem Union-Jack, der britischen Flagge, die an einem hohen Fahnenmast wehte, befand sich mitten auf der Rasenfläche vor der Säule ein Grab für gefallene russische Soldaten. Ein etwa fünf mal fünf Meter großes Quadrat, von einem weißen Lattenzaun umzogen. In der Mitte ein knapp drei Meter hoher, roter Obelisk mit Revolutionsstern.

Das Grab war nicht das Einzige, was an den Krieg erinnerte. »Wir bemerkten, dass die Säule von schweren Granaten getroffen worden und von oben bis unten mit Kugeleinschlägen übersät war. Wir dachten, das Ding könnte jeden Moment umkippen, zumal es ja auch so hoch war. Aber wir wollten trotzdem unbedingt nach oben, auf die Aussichtsplattform unter den Siegesengel, die ›Goldelse‹, steigen. Der Sockel und die Wände im Treppenhaus waren über und über mit russischen Notizen bekritzelt. Wir konnten die kyrillischen Buchstaben natürlich nicht lesen, aber wir vermuteten, dass die Säule während der Kämpfe so etwas wie ein Beobachtungsposten der Roten Armee gewesen war und dass die Botschaften an den Wänden für den weiteren Schlachtverlauf wichtig gewesen waren. Als wir schließlich oben auf der Plattform standen, waren wir wirklich beeindruckt – wir hatten einen Blick über fast die ganze Stadt.«

Der Tiergarten wurde zum Gemüsegarten der Hunger leidenden Berliner. Im Hintergrund die Siegessäule.

Im Herbst 1945 waren beinah sämtliche Bäume des Tiergartens abgeholzt. Die Berliner deckten sich hier mit Brennholz für den Winter ein. Nur noch wenige Stümpfe und im Endkampf bereits abgebrannte Baumgerippe waren übrig geblieben. Als auch die schließlich gefällt waren, gruben die Berliner die Wurzeln aus, zerhackten und zersägten sie mühsam und karrten sie auf kleinen Bollerwagen nach Hause. Anschließend wurde das Gelände als riesiger Gemüsegarten genutzt. Aus allen Stadtteilen kamen die hungernden Menschen und bauten auf kleinen Parzellen ein paar Kartoffeln, Kohl oder Salat an. Bauern rückten mit Ackergäulen und Pflug an und verwandelten das ehemalige Jagdrevier der preußischen Könige in Agrarland. Hans Scharoun, der berühmte Architekt des Berliner Kulturforums, damals Leiter der Abteilung Bau- und Wohnungswesen des Berliner Magistrats, regte darüber hinaus an, 1.200 Schafe und Ziegen im Tiergarten weiden zu lassen. Die Versorgung der Stadt mit Milchprodukten sollte so verbessert werden. Der

Vorschlag wurde allerdings nicht realisiert. Das Gelände blieb provisorisches Ackerland, das hier und da noch von Menschen nach »Stubben«, dem letzten Stückchen Brennholz, durchsucht wurde.

Über den riesigen Schrebergarten unter der Siegessäule hinweg ging der Blick der beiden Brüder aus Ostpreußen zum Reichstag, zum Brandenburger Tor und zu der ausgebrannten Kuppel des Doms. Im Südosten sahen sie auf die stark bombardierten, aber immer noch pompös wirkenden Botschaften Italiens und Japans, den verbündeten Nationen des Dritten Reiches. Nicht weit von ihnen entfernt, am Rande des Tiergartens, die Ruine der spanischen Botschaft und in einiger Entfernung der »hohle Zahn«, der zur Hälfte eingestürzte Turm der Kaiser-Wilhelm-Gedächtnis-Kirche. Wohin die beiden auch schauten: nichts war mehr heil, überall Ruinen. Dennoch war der Anblick für die zwei Flüchtlingsjungen überwältigend. Wie riesengroß alles war! So also sah eine Weltstadt aus.

Voller Unternehmungslust machten sie sich auf Richtung Zoo, den sie auch von der Siegessäule aus entdeckt hatten. Das bekannte Elefantentor in der Budapester Straße war zusammengestürzt. Vor den Trümmern stand nun ein schlichter Lattenzaun mit einem engen Durchlass. Der eigentliche Nebeneingang gegenüber vom Bahnhof Zoo war dagegen nur leicht zerstört und wirkte nun plötzlich wie das Hauptportal. Eine Reichsmark Eintritt mussten die beiden Brüder bezahlen. Doch als Lothar die großen Bombentrichter in den ersten Gehegen hinter dem Eingang erblickte, zweifelte er, ob sich die Ausgabe gelohnt hatte. Ob wohl überhaupt noch Tiere lebten? Viele konnten es jedenfalls nicht mehr sein. Lothar hatte nicht Unrecht. Tatsächlich war der Bestand stark dezimiert – nur 46 von einstmals über tausend Tieren hatten die Kämpfe überlebt. Die Schlacht um Berlin hatte im Zoologischen Garten nicht weniger gewütet als in den benachbarten Straßen. Einzelne Soldatentrupps hatten sich in die Tiergehege und -häuser zurückgezogen und auch hier jeden Meter verbissen verteidigt. Als die Kämpfe schließlich beendet waren, lagen die Leichen der Soldaten neben den toten Tieren. Dazwischen verstört umherirrende Elefanten und Zebras. Grotesker noch war der Anblick, der sich im Affenhaus geboten hatte: In einem der Käfige für Schimpansen und Gorillas fand man drei erschossene SS-Männer, die unter einem Klettergerüst Deckung gesucht hatten. Einer saß mit angezogenen Beinen mit dem Rücken gegen einen Sockel gelehnt, die Maschinenpistole auf seinen Knien. Mit beiden Händen umklammerte der Mann die Waffe, als wollte er im nächsten Moment einen Ausbruchsversuch wagen. Auf dem Betonboden neben ihm zwei große Blutlachen – nicht von ihm, sondern von zwei getöteten Affen, die über ihm auf dem Kletterrost lagen. Menschen und Tiere waren offensichtlich gemeinsam bei einem Sturmangriff von Rotarmisten getötet worden. Die Zootiere, die mit dem Leben davongekommen waren, erinnerten sich noch lange an die furchtbaren Kämpfe. »Als wir zu den Affen kamen«, weiß Lothar Baumgart noch, »flog gerade ein Flugzeug über den Zoo. Da zuckte einer der Gorillas erschrocken zusammen, rannte in eine Ecke des Käfigs und duckte sich. Er zitterte am ganzen Körper. Der Wärter sagte zu den umstehenden Besuchern: ›Der hat noch den Krieg in den Knochen.‹«

Doch der Krieg und die Unwirklichkeit der Stunde null waren schnell zu Geschichte geworden und einer neuen Normalität gewichen. Der Zoo war am 1. Juli wieder geöffnet worden, und wie eh und je kamen die Berliner und schlenderten in Sonntagsstimmung über das Gelände, lachten über die Kunststücke der Schimpansen, bestaunten die Elefanten und fütterten die Hirsche. Väter nahmen ihre Kinder auf die Schulter, damit sie besser sehen konnten, und die jungen Soldaten der alliierten Besatzer schossen Erinnerungsphotos vor den künstlichen Gebirgen der Freigehege. Auch für die beiden ostpreußischen Flüchtlingsjungen war der Zoo eine spannende Angelegenheit. Nilpferde und Yaks, der vom Köllnischen Park entliehene braune Bär – solche Tiere hatten sie zuvor noch nicht gesehen. »Wir gingen öfters in den Zoo. Vor allem die Äffchen hatten es uns angetan. Die Zerstörung war allerdings gewaltig. Das Aquarium war nur noch eine Ruine, bei vielen Käfigen war das Gestänge gebrochen, und einige Freigehege sahen aus wie Kraterlandschaften auf dem Mond.« Dennoch war der Zoologische Garten gleich nach seiner Öffnung wieder gut besucht. Litt die Bevölkerung der Reichshauptstadt auch selbst Hunger, die Berliner hätten es nicht ertragen, wenn es ihren vierbeinigen Lieblingen ähnlich schlecht ergangen wäre. Die Besatzer erkannten, dass sie den Zoo unmöglich schließen und aufgeben konnten. Im November wurde ihm von der alliierten Kommandantur ein hoher »kultureller Wert« bescheinigt und damit sein Erhalt gesichert.

Kulturelle Werte – Kunst und Kultur waren vielleicht nie wieder so gefragt und beliebt, wurden so stark gefördert wie im Berlin der Nachkriegszeit. Die Rote Armee war mit Kulturoffizieren angerückt, Professoren von russischen Universitäten, die oft fließend Deutsch sprachen. Sie hatten den Auftrag, das kulturelle Leben der Reichshauptstadt wieder auf Vordermann zu bringen, und schritten unmittelbar nach dem Ende der Kampfhandlungen zur Tat. Die alten Theaterbelegschaften wurden zusammengetrommelt und aufgefordert, neue Spielpläne zu erstellen. Die Sowjets suchten nach noch bespielbaren Bühnen, prüften, welche Schulaulen für provisorische Inszenierungen taugten. Daneben eröffneten sie Kulturhäuser – Veranstaltungsorte für Lesungen und Treffpunkte für Künstler. In der Kunst und in den Künstlern sahen sie offenbar die Garanten für ein besseres Deutschland. Ganz in diesem Sinne gründete der aus dem Moskauer Exil zurückgekehrte Schriftsteller Johannes R. Becher Ende Juni einen »Kulturbund zur demokratischen Erneuerung Deutschlands«. In dessen Leitsätzen war von der »Vernichtung der Naziideologie auf allen Lebens- und Wissensgebieten« die Rede. Kunst und Kultur sollten einen »Kampf gegen die geistigen Urheber der Naziverbrechen« führen. Die »Neugeburt des deutschen Geistes im Zeichen einer streitbaren demokratischen Weltanschauung« wurde gefordert.

Derart hehre Ideale hatte die Berliner Bevölkerung wahrscheinlich gar nicht vor Augen, doch nachholbedürftig und neugierig stürmte sie Konzerthallen, Theater und Kunstausstellungen. Das Programm war reichhaltig und ungeheuer schnell wieder auf die Beine gestellt worden. Bereits am 13. Mai fand im Rathaus Schöneberg das erste öffentliche Konzert mit dem Berliner Kammerorchester unter Hans von Benda statt. Und am 26. des gleichen Monats dirigierte Leo Borchardt in Anwesenheit des sowjetischen Stadtkommandanten Bersarin die Philharmoniker im Titania-Palast in Steglitz. Noch davor, bereits am 9. Mai, also nur einen Tag nach der Unterzeichnung der Kapitulationsurkunde in Karlshorst, hatten die Kulturoffiziere der Roten Armee einen Brief an die Mitglieder der Deutschen Staatsoper verschickt, in dem diese aufgefordert wurden, sich andrentags um neun Uhr an der Deutschen Staatsoper einzufinden, um bei deren Wiederaufbau zu helfen. Der Gedanke, das traditionsreiche, klassizistische Gebäude bald wieder nutzen zu können, erwies sich jedoch als Illusion. Die Kriegsschäden waren zu groß. Erst 1955 wurde das Opernhaus mit Wagners *Meistersinger* wiedereröffnet. Bis dahin spielte das Ensemble auf der ehemaligen Operettenbühne im Admiralspalast, direkt am Bahnhof Friedrichstraße. Doch auch der Admiralspalast, das spätere Metropoltheater, musste zunächst instand gesetzt werden. Bühnenarbeiter, Sänger und Musiker wurden zu Bauarbeitern. Das Ensemble war mit Feuereifer dabei, denn nach den schrecklichen Kämpfen hatte niemand damit gerechnet, in absehbarer Zeit wieder Opern aufführen zu können. Jetzt sägten und schraubten die Künstler, schleppten schwere Balken, zimmerten Gerüste zurecht, kletterten auf hohe Leitern und befestigten das Namensschild über dem Eingang der neuen Spielstätte. Im September feierten sie mit *Orpheus und Eurydike* von Christoph Willibald Gluck schließlich ihre erste Nachkriegspremiere. Zum mystischen Gesang des Chores schwankten seltsame Geistergestalten mit aufgerissenen Mündern über die Bühne. Wie immer dies gemeint war, heute wirkt diese Szene wie eine symbolische Klage und Anklage zugleich, ein Manifest der Trauer und des Erschreckens über die Nazizeit.

Ästhetische Reflexionen, sublimer Kunstgenuss – das war sicherlich nicht das, wonach sich die Flüchtlinge sehnten. Sie brauchten Ablenkung und Aufmunterung, Erheiterung und Ermutigung. Dafür reichte mitunter ein wenig Straßenmusik. »Auf unseren Erkundigungszügen fielen uns einige Drehorgelspieler auf. Deren Musik war für uns etwas ganz Besonderes, da wir so etwas nicht kannten. Auf ihre Art verbreiteten sie ein wenig Hoffnung in der zerbombten Stadt.« Mit Befremden beobachteten Lothar und Horst dagegen, wie Theaterspielpläne und Premierenankündigungen an die Litfasssäulen geklebt wurden, wie eine lange Schlange vor einer Theaterkasse stand. Sie fanden das sehr sonderbar. Überall standen die Menschen an in diesen Monaten – für Wasser an den Pumpen, für Lebensmittel und Kohlen an den Ausgabestellen. Und nun auch noch für Theaterkarten! Lothar und Horst konnten das nicht begreifen. Hatten denn die Leute nichts Besseres zu tun? Nein, in der Tat nicht. Es gab wohl nichts Besseres im Berlin der Nachkriegszeit als sein kulturelles Leben. Es muss für die Berliner durchaus ein Erlebnis geistiger Befreiung gewesen sein, wenn sie nach dreizehn Jahren Diktatur und ideologischer Gängelung Bilder zu Gesicht bekamen, die vor kurzem noch als »entartete« Kunst geächtet waren, oder wenn es wieder erlaubt war, Lessings *Nathan der Weise* zu spielen – jenes Stück aus der Epoche der Aufklärung, in dem ein Jude der Held ist.

Auch Brecht durfte nun wieder aufgeführt werden. Bei einer Neuinszenierung seiner *Dreigroschenoper* Anfang August im Hebbel-Theater kam es bei dem bekannten Refrain »Erst kommt das Fressen, dann kommt die Moral« zu spontanem Szenenapplaus. Ein Offizier der alliierten Besatzer, der bei der Premiere anwesend war, bat daraufhin den Theaterdirektor, die Stelle bei den zukünftigen Aufführungen abzumildern, damit es zu keinen weiteren Tumulten käme. Brechts Vers aus den zwanziger Jahren hatte den Nerv der Zeit getroffen. Mochten Oper und Theater, Kunstausstellungen und Kino noch so sehr an das Gute und Edle im Menschen appellieren – die Moral schwand doch dahin, sobald sich der Hunger meldete.

Konnten die Berliner noch den Tiergarten beackern oder zum Hamstern hinaus ins Brandenburgische fahren, so waren die Flüchtlinge gezwungen, die Grenzen von Sitte und Anstand nicht allzu eng zu sehen. »Auf dem Lehrter Bahnhof trafen immer wieder Versorgungszüge für die Stadt Berlin mit Salz, Kohl oder Kartoffeln ein. Wenn sie spätabends ankamen, wurden sie nicht mehr entladen. Das machten sich die Flüchtlinge bei uns im Lager Kruppstraße zunutze. Bei Einbruch der Dunkelheit ging's auf die Züge los. Wie ein Ameisentrupp kletterten die Menschen über den Absperrzaun neben den Gleisanlagen und stürmten die Waggons. Jeder steckte so viel ein, wie nur eben möglich war. Manche kamen mit Säcken, die sie sich bis oben hin voll stopften. Einmal wurde ein Wagen mit Weißkohl derart geplündert, dass nach allerkürzester Zeit nur noch ein paar Blätter übrig blieben. Für die Leute ging es einfach ums Überleben.« Nicht nur Werner Müller beteiligte sich an den nächtlichen Raubzügen. Auch Lothar und Horst Baumgart zogen abends zum Lehrter Bahnhof. Die Ankunft eines Versorgungszuges blieb nicht lange geheim. Wie ein Lauffeuer verbreitete sich die Nachricht, dass es am Lehrter etwas zu holen gäbe. Von Mund zu Mund durchlief sie das Lager, ohne dass jemand hätte sagen können, woher sie kam. Unter den Lagerinsassen breitete sich ein regelrechter Beutetrieb aus. »Bringt mir auch Kartoffeln mit!«, bettelte eine Frau bei den beiden Brüdern. Während der Flucht war ihr ein Bein amputiert worden, und sie hatte zwei Kinder zu versorgen. Sie drückte Horst einen Rucksack, ihren letzten Besitz, in die Hand. Horst versprach, an sie zu denken, aber der Rucksack wurde ihm gestohlen. Bei den Plünderungen ging es rücksichtslos zu. Nicht nur die Flüchtlinge fielen über die Züge her, auch die Berliner waren dabei. Insbesondere Jugendbanden, in ihren Reihen kleine, gerade erst fünf Jahre alte Knirpse. Sie waren auf Lebensmittel oder Kohlen aus und lauerten entlang der Bahnstrecken auf die Versorgungszüge. Die Polizei bekam das Problem nur schwer in den Griff. Für alle kriminell gewordenen Kinder war in den Erziehungsheimen kein Platz, außerdem war die Akzeptanz in der Bevölkerung für jede Art von Mundraub sehr hoch. Hinzu kam, dass die Züge anfangs unbewacht waren. So etwas musste auf die ausgehungerten Menschen wie eine Einladung wirken. Erst als die Überfälle überhand nahmen, wurden Posten aufgestellt. Sie waren allerdings – wie in Notzeiten üblich – leicht zu bestechen. Sie hatten doch selber wenig zu beißen und freuten sich, wenn auch für sie etwas abfiel. Das Gleiche galt für den Wachmann am Lagereingang. Die von den Plünderungen zurückkehrenden Flüchtlinge drückten ihm ein paar Kartoffeln in die Hand und durften unbehelligt passieren. Einmal jedoch verloren die Baumgarts die Beute, die Lothar und Horst ins Lager geschleppt hatten, nur wenige Tage später an die britischen Besatzer. Als die englischen Soldaten die prallen, als Kopfkissen getarnten Kartoffelsäcke bei einer Lagervisite entdeckten, nahmen sie sie umstandslos mit.

Ein solches Pech blieb den Müllers erspart. Für sie stellte sich allerdings die Frage, wie sie die zusätzlichen Mahlzeiten zubereiten könnten. Anders als viele andere Flüchtlinge, denen es gelungen war, Eimer, Teller, Töpfe und Becher bis nach Berlin zu retten, hatten sie alles auf der Flucht verloren. So standen sie nach den nächtlichen Ausflügen zum Lehrter Bahnhof zwar mit Kartoffeln, aber ohne Kochzeug da. Es war natürlich nicht möglich, in die Lagerküche zu gehen, einen großen Topf zu nehmen und die Kartoffeln auf einem der Herde zuzubereiten. Nicht einmal wegen der zweifelhaften Herkunft der Lebensmittel, sondern weil die Küche ausschließlich für den Lagerbetrieb genutzt wurde. Auch an die Ausleihe eines Kochtopfes war nicht zu denken, denn Kochgeschirr war Mangelware in der Nachkriegszeit. Da es an Material fehlte, wurden Stahlhelme der Wehrmacht zu Töpfen und Sieben umgearbei-

Flüchtlinge um einen Notherd. Die Familie Müller war keine Ausnahme.

tet. Das Küchengeschirr in den Lagern wurde also penibel zusammengehalten, und die Müllers mussten improvisieren, wollten sie die Kartoffeln nicht roh verzehren. »Wir backten aus unseren Kartoffeln Reibeplätzchen. Das war eine ziemlich umständliche Aktion. Zunächst suchten wir in den umliegenden Ruinen ein paar Backsteine, aus denen wir uns neben unserem Stall einen notdürftigen Herd bauten, den wir mit Blättern und kleinen Zweigen befeuerten. Irgendwo fand sich auch ein kleines Stückchen Blech. Das benutzten wir als Herdplatte. Als Reibe diente uns ein anderes Stück Blech, durch das wir ein paar Nägel geschlagen hatten. Darauf rieben wir mühsam unsere Kartoffeln zu einem groben Brei. Die Kartoffelpampe strichen wir dann so, wie sie war, auf das heiße Blech. Man musste sehr aufpassen, dass die dünnen Dinger nicht verbrannten. Zum Schluss streuten wir noch ein wenig Salz auf die Fladen, denn Salz hatten wir ebenfalls vom Bahnhof. Sie schmeckten trotzdem scheußlich.«

Wie gerne hätte Werner Kartoffelsuppe anstelle dieser kaum genießbaren Reibeplätzchen gegessen! So machte er sich mit seiner Schwester Marga in den Straßen Berlins auf die Suche nach etwas, das sich als Kochtopf nutzen ließ. An vielen Stellen der Stadt hatte man den liegen gebliebenen Kriegsschrott zusammengekehrt: Stahlhelme, Gasmasken, alte Kisten, Blechbüchsen, Reifen – was immer nach dem Endkampf herrenlos herumgelegen hatte. Diese Müllhalden wurden nun für viele Berliner zu einer Fundgrube. Den Blick aufmerksam auf den Boden gerichtet, schritten sie durch die Schrottfelder, stocherten zwischen den Hinterlassenschaften der Wehrmacht herum, schauten unter Bleche von Panzerfahrzeugen, rüttelten an alten Kästen, prüften alte Scharniere, suchten nach Dosen und Bechern, überlegten, was noch irgendwie brauchbar wäre. »Gebrauchsgegenstände aus Kriegsgerät« – unter dieser Überschrift demonstrierte die *Berliner Zeitung*, wie sich aus Gasmasken Schutzbrillen und Schöpfkellen herstellen lassen. Natürlich konnte durch ausgetüftelte Bastelarbeiten der Kriegsverlust an Hausratsgegenständen nicht wettgemacht werden. Ein komplettes Kochgeschirr blieb auch für viele Berliner ein Wunschtraum. In einer der Ruinen in der Nähe des Lagers fand Werner aber immerhin eine alte Waschschüssel, in der sich die Müllers eine Kartoffelsuppe zubereiten konnten, eine dünne Brühe, die ihnen wie ein wahres Festessen erschien.

Durch Zufall entdeckte Werner eine weitere Möglichkeit, die Lagerverpflegung aufzubessern. Eines Tages wurde er im Lager Kruppstraße von einem älteren Flüchtlingsehepaar, das in den Westen weitergeleitet werden sollte und sich daher zum Lehrter Bahnhof zu begeben hatte, gebeten, ihm beim Koffertragen behilflich zu sein. Werner schleppte das Gepäck bis auf den Bahnsteig und erhielt zum Dank dafür ein paar Kartoffeln. Das brachte ihn auf die Idee, das Koffertragen zu einem lukrativen Job zu machen. Neben den Flüchtlingen, die fortwährend auf den großen Berliner Bahnhöfen eintrafen, begegnete man dort auch vielen ehemaligen Zwangsarbeitern und Kriegsgefangenen aus Polen und Russland, die sich auf der Durchreise in ihre Heimat befanden. Wer immer ein wenig Geld oder etwas zu Essen übrig hatte, ließ sich in dem allgemeinen Chaos gerne von einem Kofferträger helfen. »Anfangs war ich sehr überrascht, wie freundlich die Leute zu mir waren. Sie hatten doch wirklich keinen Grund, mir Deutschem gegenüber besonders nett zu sein. Doch sie gaben mir immer etwas ab. Mal von ihrer Wurst, mal von ihrem Brot. Dabei besaßen sie selbst auch nicht sehr viel.« Vor allem gegen Abend, nach neunzehn Uhr, wenn die öffentlichen Verkehrsmittel ihren Betrieb eingestellt hatten, war Werners Hilfe sehr gefragt. Dann trug er Gepäck von Bahnhof zu Bahnhof, quer durch die zerstörte Innenstadt. Einmal bis kurz nach 21 Uhr. Das war nicht ganz ungefährlich, denn um diese Uhrzeit begann die von den Alliierten im September angeordnete Ausgangssperre. Die Polizei hätte Werner durchaus aufgreifen und in Gewahrsam nehmen können. Nervös flitzte er durch die ausgestorbenen Straßen Moabits zurück zum Lager und hoffte, dass ihm der Posten am Tor keine Schwierigkeiten bereiten würde. »Meine Mutter hatte sich natürlich große Sorgen gemacht. Als ich schließlich im Stall 7 erschien, war sie heilfroh. Natürlich wurde ich trotzdem heftig gescholten. Alles in allem aber war sie mit meiner Kofferträgerei einverstanden, denn schließlich hatte die ganze Familie etwas davon.« Werner bat seine »Kundschaft« um Lebensmittel. Mit einer Kartoffel, einem Apfel oder einer Stulle war er schon zufrieden. Wie oft er sich als Kofferträger verdingte, hing von der Versorgungslage in der Kruppstraße ab. Wurde das Essen knapp, machte sich der Junge auf zum Lehrter Bahnhof und trug Gepäck durch Berlin. So vertrieb er sich die Zeit und verscheuchte sich und seiner Familie ein wenig den Hunger.

Arbeit suchte auch die fünfzehnjährige Hildegard Gustmann aus Mohrungen in Ostpreußen. Sie lebte zusammen mit Erna Holzenberger, der Cousine ihres Vaters, ebenfalls im Lager Kruppstraße. Frau Holzenberger war um die fünfzig und eine Art Mutterersatz für Hildegard. Zwar konnte sie konkret nichts unternehmen, was die Lage der beiden Flüchtlinge verbessert hätte, aber für das junge Mädchen bedeutete sie doch einen wichtigen Halt. Die beiden schliefen auf dem nackten Fußboden im Flur. Nicht weit von ihrer Schlafstätte entfernt tropfte Wasser durch das undichte Dach, der Holzboden war aufgequollen und faulig. Hildegard war Anfang September aus ihrer Heimat vertrieben worden. Als der verplombte Viehwaggon, in dem sie ihre Vatersstadt verlassen musste, vor der deutschen Grenze geplündert worden war, hatte sie ihren letzten Besitz verloren. Barfuß und im Unterrock war sie drei Tage nach der Ausweisung in Berlin angekommen. Nun hatte sie ganz von vorne zu beginnen.

Nur wenige Tage nach ihrer Ankunft im Lager Kruppstraße ging sie zum schwarzen Brett, um nachzuschauen, ob irgendwo Hilfskräfte gesucht wurden. Das schwarze Brett hing im Flur im ersten Stock des Kasernengebäudes. Die angrenzenden Räume waren von Rote-Kreuz-Schwestern und von der Lagerleitung belegt. Hier herrschte immer reger Betrieb. »Vor dem schwarzen Brett hatte sich eine Menschentraube gebildet, und ich musste mich erst ein bisschen nach vorn drängeln, um die Nachrichten lesen zu können. Ungefähr ein Dutzend Zettel war mit Stecknadeln ans Brett gepinnt, alle von der Lagerleitung geschrieben und ganz ordentlich nebeneinander gehängt. Es waren Informationen über Transporte in den Westen und Arbeitsangebote. Ich las eine Mitteilung, dass die Amerikaner Frauen suchten, die ihnen beim Kartoffelschälen helfen. Ich meldete mich daraufhin im Büro der Lagerleitung, wo man mich in eine Liste eintrug und mir mitteilte, wann und wo ich mich einzufinden hätte, um zu den Kasernen der Amerikaner gebracht zu werden.«

Die Arbeitsvermittlung war gut organisiert und »von oben« angeordnet worden. Seit Anfang August bemühte sich die Abteilung Ausgewiesene und Heimkehrer, Flüchtlinge als Arbeitskräfte zu vermitteln. Die Zentrale Arbeitseinsatzstelle Berlins hatte sie wiederholt darum gebeten, da der Bedarf vor allem an gelernten Handwerkern in Berlin und Brandenburg nicht mehr gedeckt werden konnte. Doch in diesem Anforderungsprofil lag schon die Krux der Vermittlungsbemühungen. Unter den Vertriebenen waren nur wenige Männer und darunter wiederum nur ein geringer Prozentsatz Handwerker. Die Arbeitsvermittlung in den Flüchtlingslagern war viel zu sehr auf spezialisierte Arbeitskräfte ausgerichtet und daher kaum erfolgreich. Die vielen Frauen und Jugendlichen unter den Flüchtlingen fielen durch ihr Raster. Die Frauen waren größtenteils Mütter und Hausfrauen, und Jugendliche in Hildegards Alter waren, bevor sie ihre Heimat verlassen mussten, noch zur Schule gegangen. Sie alle konnten nur auf Handlangerjobs hoffen. Doch Hildegard war fürs Erste auch damit zufrieden. »Um sechs Uhr abends sollte ich mich vor dem Lagertor einfinden. Dort wartete ich dann mit ein paar anderen Frauen, bis wir von amerikanischen Soldaten abgeholt wurden. Eine gute Stunde marschierten wir durch die mir vollkommen unbekannte Stadt, bis wir die Kaserne erreichten. Wir wurden dann in die große Küche gebracht, wo schon Dutzende Eimer mit Kartoffeln auf uns warteten. Sofort machten wir uns an die Arbeit. Nach ungefähr zwei Stunden waren alle Kartoffeln geschält. Zum Lohn durften wir uns dann in einem Nebenraum an einen Tisch setzen und erhielten einen gut gefüllten Teller Suppe. Eine sehr merkwürdige Mehlsuppe mit Kümmel gewürzt, in der ein paar Kartoffelstücke schwammen. Wir kannten diese Suppe nicht und hielten sie für typisch amerikanisch. Sie hat gar nicht mal so schlecht geschmeckt und machte vor allem herrlich satt.«

Nach der Mahlzeit wurden die Frauen wieder zurück zur Kruppstraße begleitet. Erst gegen zehn Uhr in der Nacht kamen sie dort an. Vier Stunden waren sie unterwegs gewesen, davon hatten sie ungefähr zwei mit Fußmärschen durch Berlin verbracht und nochmals knapp zwei mit Kartoffelschälen. Die wenigen Minuten dazwischen, über eine seltsame Suppe aus Kartoffelresten gebeugt, waren der Lohn! Hildegard war dennoch nicht enttäuscht und meldete sich fortan so oft es ging zum Arbeitseinsatz bei den Amerikanern.

Auf den abendlichen Märschen zu der Kaserne beobachtete sie die vielen Trümmerfrauen, die in den Schutthaufen standen und aufräumten. Es gab Straßenzüge, in denen kein Haus heil geblieben war. Auf Hunderten von Metern schlängelten sich Eimerketten wie Seilschaften in die Schuttberge hinein. Reihen bunter Farbtupfer in staubgelben Steinbrüchen. Als Mitte Mai der erste sowjetische Stadtkommandant, Generaloberst Bersarin, alle arbeitsfähigen Männer zwischen sechzehn und sechzig Jahren zum Arbeitseinsatz verpflichtete, um sofort mit dem Wiederaufbau der Stadt zu beginnen, konnte es durchaus geschehen, dass Berliner auf der Straße von Rotarmisten angehalten wurden und den ganzen Tag an den Aufräumarbeiten teilnehmen mussten. Die Akzeptanz für solche Maßnahmen war zunächst eher gering. Erst allmählich begriffen die Berliner, dass ihre geliebte Stadt nicht ohne ihr persönliches Zupacken wieder aufgebaut werden konnte. Im Herbst war die Enttrümmerung längst zum Alltag geworden und gut organisiert. Förderbänder reichten weit in die Ruinenfelder hinein, und auf den Straßen waren Schienen für Loren verlegt, mit denen der Schutt zu Sammelplätzen transportiert wurde. Natürlich gab es keine Lokomotiven, sondern die Menschen mussten die Wagen mit viel Mühe hin und her schieben. Doch inzwischen hatte sich ein regelrechtes Trümmerfrauen-

Die Berliner Trümmerfrauen. Sie wurden zum Symbol für den Wiederaufbau.

ethos entwickelt. »Wir werden gebraucht, damit aus dieser Ruinenstadt etwas Neues entsteht« – das war das stolze Gefühl, das die Menschen nun in sich trugen, das die Anstrengungen erleichterte und die Schwielen an den Händen vergessen ließ.

Ein solches Ideal hatte Hildegard allerdings nicht vor Augen, als sie sich erkundigte, ob auch sie als Trümmerfrau arbeiten könne. Sie wollte einfach etwas tun gegen den Hunger und die Lagertristesse. Die Amerikaner suchten nur hin und wieder und immer erst für den Abend nach Hilfskräften. So kam Hildegard auf die Idee, sich beim Wiederaufbau der Reichshauptstadt nützlich zu machen. Auf dem Weg zu der amerikanischen Kaserne war ihr eine Straße aufgefallen, die nahezu völlig zerstört war. Dort wollte sie nach Arbeit fragen. »Eines Morgens ging ich zu einer der Frauenkolonnen – Männer waren gar nicht zu sehen – und bot meine Dienste an. Da sagte mir die Vorarbeiterin, ich käme gerade recht, denn sie hätte einige Ausfälle wegen Krankheit, und ich könne gleich mit der Arbeit beginnen. Pro Stunde sollte ich 25 Pfennig erhalten. Das war nicht gerade sehr viel, aber nach zwei Stunden hatte ich doch schon fünfzig Pfennig, und dafür bekam ich eine Tasse Muckefuck extra im Lager. Außerdem verkürzte es den Tag, und ich fühlte mich nicht mehr so armselig und nutzlos. Das war das Wichtigste.«

Mehrmals in der Woche stand Hildegard nun bis zu den Knöcheln im Schutt, reichte schwere Eimer mit Steinbrocken weiter, schaufelte Mauerreste frei, klopfte Mörtelreste von Klinkersteinen ab, sortierte sie nach Größe. »Das Beste an der Arbeit in den Trümmerbergen war aber, dass ich Kontakt zu Berliner Frauen bekam. Es tat einfach gut, mit Menschen außerhalb des Lagers zu sprechen. Von den Berlinerinnen erhielt ich ein paar gute Tipps. Sie erzählten mir zum Beispiel von einem städtischen Wannen- und Brausebad und erklärten mir ganz genau den Weg vom Lager dorthin. Die anderen Flüchtlinge wussten davon wahrscheinlich überhaupt nichts. Regelmäßig fuhr ich nun in das Bad, um mich gründlich zu waschen.«

Eine Stunde war Hildegard mit dem Bus unterwegs, dann musste sie noch ein Stückchen laufen, bis sie vor einem großen, roten Backsteingebäude stand, das einer Schule ähnelte. Für eine Reichsmark die halbe Stunde konnte man hier eine Badekabine belegen. Hildegard zahlte immer für eine volle Stunde. Dann wurde sie von einer Angestellten zu ihrer Kabine geführt – ein kleiner, oben offener Raum aus Holzwänden mit einem Hocker für die Kleidung, einem Dampfheizkörper und einer großen Wanne, die schon zur Hälfte gefüllt war. »Die Frau belehrte mich in einem strengen Ton, dass ich zwar noch heißes Wasser nachlaufen lassen dürfe, um mir die richtige Temperatur zu schaffen; es sei aber streng untersagt, ein zweites Vollbad einzulassen. Dann gab sie mir noch ein Stück Seife und ein Handtuch.« Im Lager Kruppstraße gab es für die Flüchtlinge keine Möglichkeit, ihre Kleider zu waschen. So hatte Hildegard bei ihrem ersten Besuch in dem städtischen Bad nicht nur die Absicht, sich selbst einer gründlichen Reinigung zu unterziehen, sondern auch ihre Kleidung. Diese wusch sie nun zuerst in der Wanne. Die nassen Wäschestücke hängte sie über die Heizung und hoffte, dass sie wenigstens ein bisschen trocknen würden. Anschließend ließ sie heißes Wasser in ihr schon etwas verschmutztes Bad ein und legte sich selbst in die Wanne. Alle paar Minuten zischte und gluckste die Heizung, Dampfschwaden stiegen über der Wanne auf, aus den Nachbarkabinen drangen ferne Geräusche herüber. Hier war es gemütlich, Hildegard genoss jede Sekunde. »Irgendwann klopfte jedoch die Bäderfrau ziemlich ungestüm gegen die Tür und rief mir zu, dass die Stunde gleich abgelaufen sei. Ich solle mich sputen, die Kabine freizumachen. Ich trocknete mich schnell ab und schlüpfte in die noch ziemlich nasse Kleidung. Sobald ich die Kabine verlassen hatte, stürmte die Angestellte herein, um die Wanne für den nächsten Kunden zu säubern. Kaum war sie drinnen, da hörte ich sie auch schon fürchterlich schimpfen. Solche Schmutzränder hätte sie seit langem nicht gesehen, und beim nächsten Mal solle ich gefälligst selber putzen.« Hildegard erzählte die Geschichte den Trümmerfrauen. Sie lachten und wirbelten zwischen dem Schutt etwas Staub auf. »Mach dich nicht dreckig«, scherzten sie und klärten sie auf, was es mit der »Berliner Schnauze« auf sich hat.

Hildegard schloss zwar keine Freundschaft mit den anderen Trümmerfrauen, aber sich mit ihnen zu unterhalten, tat ihr sehr gut. Sie war vor allem neugierig zu erfahren, wie es den Berlinern in den letzten Kriegsmonaten ergangen war und wie sie ihre gegenwärtige Situation meisterten. »Die Frauen erzählten mir von ihren Familien. Oft waren die Männer gefallen, vermisst oder noch in Kriegsgefangenschaft. Die Kinder wurden von der Oma gehütet. Die Frauen waren einerseits verhärmt und bedauerten ihr Schicksal, dann aber blickten sie auch wieder sehr positiv in die Zukunft und waren sich sicher, dass bald alles besser werden würde. Sie schimpften auch viel auf Hitler, weil er nur so kurzen Wohlstand und ein so schreckliches Ende gebracht hatte.« Schuldgefühle zeigte jedoch kaum eine der Berlinerinnen, mit denen Hildegard sprach. Dass in den Straßen Berlins immer noch Deserteure gehängt worden waren, als die Stimme des Führers im Bunker bereits verstummt war, dass die größten Zerstörungen der Stadt erst durch den völlig aussichtslosen und fanatischen Endkampf Ende April verursacht worden waren, verdrängten die Menschen. Sie erzählten von den Bombardements im Februar, von den Luftminen, die ganze Häuser in die Luft gejagt hatten, vom brennenden Phosphor, den die Alliierten auf die Stadt hatten regnen lassen. Fragen nach der eignen Verantwortung für die Ereignisse wurden selten gestellt. Doch war ein gewisses Maß an Verdrängung für den Neuanfang vielleicht auch vonnöten. Selbstzweifel waren gewiss nicht förderlich, wenn es darum ging, in zerschlissenen Arbeitskleidern, mit rauen Händen und staubigen Gesichtern in den traurigen Überresten einstmals großstädtischer Häuserpracht zu schuften und an eine bessere Zukunft zu glauben.

Nicht Nachdenklichkeit bestimmte den Zeitgeist, sondern Pfiffigkeit und Organisationstalent. Die Frage war, wie man die Notzeit am besten überstand. Jeder versuchte sich durchzuschlagen, so gut er konnte. Die Berliner nicht anders als die Flüchtlinge. Auf den Schwarzmärkten am Alexanderplatz, im Humboldthain oder vor dem Reichstag trafen sie alle zusammen: die Trickser und Feilscher, die Taschendiebe und Gauner – Flüchtlinge, Berliner und alliierte Besatzer. Alles wurde dort getauscht oder zu Höchstpreisen verschachert. Spielzeug, Schuhe, Schreibmaschinen, Radios, Uhren – was immer die Leute übrig hatten, gaben sie her für ein paar Lebensmittel extra, für Speck oder Butter, für wenige Zigaretten. Was gegen Essensmarken nicht zu bekommen war, was in den Lagern nicht verteilt wurde – auf dem Schwarzmarkt war es zu kriegen. »Wegen der vielen Razzien hatten wir allerdings große Angst. Nicht davor, dass uns die Polizei festnehmen würde, sondern davor, dass sie das Brot, das wir dort gekauft hatten, beschlagnahmen würden. Meine Mutter steckte sich den Brotlaib unter den Pullover, und wir machten uns schleunigst auf und davon.« Erst in der Nähe des Lagers fühlten sich Werner Müller und seine Mutter wieder halbwegs sicher. Doch der Ausflug vor den Reichstag war derart nervenaufreibend gewesen, dass sie sich nie wieder dorthin wagten. Die Reaktion war vielleicht ein wenig übertrieben, aber wirklich wohl fühlte sich auf den Schwarzmärkten niemand. Eine nervöse Stimmung herrschte hier. Geschäfte wurden versteckt und heimlich getätigt. Niemand hielt sich hier länger auf als unbedingt nötig. Es war ein ständiges Kommen und Gehen. Vorsicht und Furcht waren allgegenwärtig. Ertönte von irgendwoher ein Warnpfiff, zerstreuten sich die Leute auf der Stelle in alle Himmelsrichtungen. Dennoch waren immer mehrere hundert Menschen an den Treffpunkten versammelt, signalisierten durch Blicke Handelsbereitschaft, zeigten verstohlen ihre Tauschware, ließen Uhren, Ringe oder Zigaretten flink aus Ärmeln gleiten oder in ihnen verschwinden, schoben Geld zu oder versteckten Lebensmittel schnellstens unter der Kleidung.

Unter ihnen waren auch Horst Baumgart und sein Vater. Die beiden zogen des öfteren zum Alexanderplatz. »In erster Linie kauften wir auf dem Schwarzmarkt Brot. Das kostete anfangs 150 Reichsmark, später nur noch hundert. So konnten wir uns ein bisschen durchfüttern. Unser Vater besorgte sich dort außerdem Tabak. Das war allerdings kein billiges Vergnügen. Drei Zigarren kosteten gut hundert Reichsmark. Am Ende haben unsere Eltern auf dem Schwarzmarkt an die 30.000 Reichsmark ausgegeben.«

Hildegard Gustmann machte auf dem Umschlagplatz am Brandenburger Tor ein besonderes Geschäft. »Ich kaufte mir für sechzig Reichsmark ein Döschen Fleisch. Aber als ich es geleert hatte und zur Weiterverwendung auswusch, machte ich eine interessante Entdeckung. ›Only for dogs‹ war auf dem Boden eingeprägt.«

Hundefutter sechzig, ein Brot zwischen hundert und 150, ein Pfund Butter gar 450 Reichsmark, das waren happige Preise. Zum Vergleich: Hildegard Gustmann verdiente als Trümmerfrau 25 Pfennig die Stunde. Und auch der offizielle Tariflohn von 72 Pfennig pro Stunde machte einen Einkaufsbummel über den Schwarzmarkt eigentlich witzlos. Dennoch trafen sich dort täglich Hunderte von Menschen. Bei einer Polizeirazzia am 13. Oktober wurden allein tausend Personen eingekesselt. Keine privilegierten, besonders wohlhabenden Menschen, sondern normale Berliner, die ihr Tafelsilber und ihre Erbstücke verscherbelten, nur um etwas mehr zwischen die Zähne zu bekommen als das, was man für die Essensmarken erhielt. Für die Flüchtlinge war die Situation etwas anders. Sie hatten nur in den wenigsten Fällen Tauschware anzubieten. Ihre Wertgegenstände waren ihnen bei der Vertreibung größtenteils geraubt worden. Sie besaßen allerdings oft noch relativ viel Geld, denn dafür hatte sich bei der Vertreibung aus ihrer Heimat kaum jemand interessiert. In Polen war der Złoty schon seit dem Sommer wieder die offizielle Währung. Die Reichsmark galt nach der Kapitulation Deutschlands als Devise ohne Wert und Zukunft. Den Ausgewiesenen war daher nur selten ihr Geld abgenommen worden, so dass sie sich in Berlin damit ein wenig über Wasser halten konnten.

Hildegard Gustmann war auf besonderem Wege an einen »Notgroschen« gekommen. Als im August 1944 die Rote Armee ihrer ostpreußischen Heimatstadt Mohrungen näher und näher gerückt war,

Razzia auf dem Schwarzmarkt vor dem Reichstag. Im Hintergrund das Sowjetische Ehrenmal im Tiergarten.

hatte ihre Großmutter am sicheren Endsieg zu zweifeln begonnen. Als eine der Ersten sah sie die Flucht kommen und schnürte ein Päckchen mit Kleidung, Schuhen und Wolldecken, das sie bereits ein Jahr vor Hildegards Ankunft in der Reichshauptstadt nach Berlin-Biesdorf zu der befreundeten Familie Linck schickte. Hildegard hatte von ihrer Großmutter, die bei der Vertreibung ums Leben gekommen war, von dem Päckchen erfahren. In den ersten Tagen nach dem Eintreffen im Lager Kruppstraße fühlte sie sich aber zu unsicher, um in der fremden Großstadt auf die Suche nach der Biesdorfer Familie zu gehen. »Erst durch die Gespräche mit den Trümmerfrauen erfuhr ich, wo Biesdorf genau lag und wie man dorthin kam. Wenige Tage später nahm ich dann zusammen mit der Cousine meines Vaters die S-Bahn in Richtung Hoppegarten. Wir freuten uns schon sehr auf die frischen Kleidungsstücke und dankten Gott im Himmel für die Voraussicht unserer Großmutter.« Zur großen Überraschung der beiden Flüchtlingsfrauen händigte die Biesdorfer Familie ihnen nicht nur das Päckchen mit der Kleidung, den Schuhen und den Decken aus, sondern zudem auch noch 2000 Reichsmark. Das hübsche Sümmchen hatte Hildegards Onkel Kurt aus Lübben an der Spree bei seinem letzten Besuch in Biesdorf kurz vor Kriegsende bei den Lincks hinterlegt – für den Fall, dass jemanden aus der Familie die Flucht aus Ostpreußen nach Berlin gelingen sollte. Voller Freude kehrten die beiden Frauen ins Lager zurück. Für den Moment fühlten sie sich reich.

Doch Geld war keinesfalls der Garant für eine gesicherte Zukunft. Zum einen, weil niemand der Flüchtlinge wusste, wie lange er mit seinem »Vermögen« auskommen musste, wann er zum ersten Mal wieder ein Gehalt bekommen würde. Zum zweiten, weil Geld nur einen sehr unsicheren, relativen Wert hatte. 2000 Reichsmark – auf den ersten Blick war das ein schöner Batzen, doch was konnte man dafür tatsächlich erhalten? Sicher, angesichts der offiziellen Handelspreise – 33 Pfennig für ein Kilo Brot oder zwei Reichsmark für zwei Pfund Margarine – schienen sich Hildegard und Erna Holzenberger nun einiges leisten zu können. In den Geschäften gab es aber natürlich nichts frei zu kaufen, und auf dem Schwarzmarkt hätten die zwei Frauen für ihre 2000 Reichsmark kaum zwanzig Brote oder nur knapp sechs Pfund Butter erhalten. Sie mussten also auch trotz der großzügigen Hilfe ihres Onkels gut haushalten, zumal sie nicht wissen konnten, wann sie jemals ein neues Zuhause finden würden. Hildegard hielt sich mit dem Geldausgeben zurück; lieber trank sie im Lager einen dünnen Muckefuck, den sie sich als Trümmerfrau hart erarbeitet hatte, als teuren Kaffee vom Schwarzmarkt. Es blieb ein dürftiges Leben, das sie und Erna Holzenberger führten.

Die beiden blieben lange in Berlin. Inzwischen war es Anfang November, und es wurde zugig im Lager Kruppstraße. »Im Gebäude pfiff überall der Wind durch die Ritzen, und auch beim Steineklopfen in den Ruinen wurde es einem nicht mehr wirklich warm. Die Gelenke taten mir weh, und die Hände waren starr und frostig.« Die Straßencafés auf dem Kurfürstendamm hatten Tische und Stühle abgebaut. Der erste Nachkriegswinter rückte heran. Nicht die neuste Theaterpremiere, sondern Kohlenmangel, defekte Dächer und Fenster waren jetzt das häufigste Gesprächsthema unter Berlinern. Zwar hatte die sowjetische Militäradministration schon Mitte September befohlen, dass 75 Prozent der Glashüttenproduktion Brandenburgs und Sachsens und sechzig Prozent der in der sowjetischen Besatzungszone hergestellten wasserdichten Pappe an Berlin abzugeben sei, aber das reichte hinten und vorne nicht aus, um die vielen zerstörten Häuser und Teilruinen angemessen zu isolieren. Das Leben in Berlin wurde unangenehm. Wenn Hildegard morgens zum schwarzen Brett ging, um nachzuschauen, ob die Amerikaner vielleicht Arbeitskräfte suchten, dann hoffte sie eigentlich auf eine andere Nachricht: Sie wartete sehnlichst auf die Mitteilung, dass ein Zug in den Westen für sie bereitstände. In Berlin hatte sie eine gewisse Sicherheit gefunden, aber wonach das junge Mädchen sich sehnte, war etwas mehr: ein festes Zuhause, ein Ort, der vielleicht eine neue Heimat werden würde, ein Ende des Unterwegsseins.

Und wie ging es weiter?

Weiterleitung – mit diesem Wort verbanden sich die unterschiedlichsten Hoffnungen, Wünsche und Erwartungen. Bei den städtischen Behörden und der alliierten Kommandantur nicht weniger als bei den Heimatvertriebenen. Sie alle hatten ihre eigene Vorstellung davon, wie durch Weiterleitung das Elend in den Lagern gemindert, die Völkerwanderung geordnet und eingedämmt, das Flüchtlingsproblem schließlich gelöst werden könnte. Die Ausgewiesenen versprachen sich von der Weiterleitung die Ankunft in einer neuen Heimat, die städtischen Behörden eine spürbare Verbesserung der Versorgungslage in Berlin, die Alliierten eine Kontrolle über die Migration innerhalb des Deutschen Reiches und eine Stabilisierung der Bevölkerungsdichte in den verschiedenen Besatzungszonen. Doch es dauerte lange, bis die Weiterleitung wirklich effektiv und reibungslos vonstatten ging. Dabei gab es vor allem zwei Probleme: die Suche nach geeigneten Zielorten für die Heimatvertriebenen sowie deren Transport. Die erste Schwierigkeit entfiel natürlich bei all denjenigen Ausgewiesenen, die bei Bekannten oder Verwandten – meist im Westen – unterkommen wollten. Sie konnten eine Adresse angeben, und die Behörden hatten sich »nur« noch um ihren Transport zu kümmern. Für diejenigen aber, die nicht wussten wohin, musste zuerst ein so genanntes Siedlungsgebiet gefunden werden. Die einzige Richtlinie für deren Weiterleitung war zunächst eine Anordnung Marschall Shukows vom 19. Juli 1945, wonach alle Deutschen aus den neuen polnischen Gebieten nördlich der Warthe nach Mecklenburg und aus den Regionen südlich der Warthe in die Landkreise Seelow, Cottbus, Lübben, Beeskow und Luckau sowie in die Provinz Brandenburg geschickt werden sollten. Heimatvertriebene aus der Tschechoslowakei sollten in Sachsen untergebracht werden. Unklar blieb, welche Gemeinden die Menschen aufnehmen sollten. »Es fehlte jede konkrete Anweisung«, heißt es einmal mehr im Bericht der Abteilung Ausgewiesene und Heimkehrer. Die Mitarbeiter in den Büros Am Köllnischen Park 3 waren zum Improvisieren gezwungen. »Anhand von

Karten, die die Sachbearbeiter aus privatem Besitz mitbrachten – von offizieller Stelle waren Karten nicht zu erhalten –, haben wir die Orte, selbst kleinste Orte ausgewählt«, so der besagte Bericht. Die Flüchtlinge erhielten dann, entweder von den Lagerverwaltungen oder direkt Am Köllnischen Park, eine Reisebescheinigung, womit sie (bis Mitte September kostenlos, danach zum halben Fahrpreis) mit dem Zug zu ihrem Zielort fahren konnten – sofern er an das Bahnnetz angebunden war und Züge fuhren, ansonsten mussten die Menschen den Weg zu Fuß zurücklegen. Doch es kam, wie es kommen musste. Die Gemeinden in den von Shukow bestimmten Regionen waren bald von Vertriebenen überfüllt. Und auch dort wussten sich die Behörden keinen Rat. »Leider haben die in den Orten verantwortlichen Personen die Leute … nach Berlin zurückgeschickt«, berichtet wieder die Abteilung Ausgewiesene und Heimkehrer. Weder über Telefon noch durch die Post gab es direkten Kontakt zu den Beamten im Berliner Umland. »Die fehlende Verbindung zur Provinzialverwaltung und anderen Körperschaften war der größte Mangel in der Organisation.«

Einen Überblick über die Gesamtlage der Flüchtlingszüge durch die sowjetische Besatzungszone hatte im August niemand. Auch nicht die russische Armeeführung, auf deren Anweisungen die Berliner Flüchtlingsbehörden sehnlichst warteten. Anordnungen wurden willkürlich und planlos ausgegeben. So befahl ein russischer Kommandant im Kreis Ludwigslust, kaum dass Stalin die Westverschiebung Polens und die Ausweisung der Deutschen in Potsdam auch offiziell durchgesetzt hatte, alle Deutschen sollten nach Ostpreußen und in das Gebiet östlich der Oder zurück. Die Kreisverwaltung schickte die betreffenden Heimatvertriebenen daraufhin nach Berlin, in dem Glauben, von dort gingen die Züge in den Osten. Solche Ereignisse steigerten nun wiederum die Rat- und Hilflosigkeit der Flüchtlingsbeauftragten in der Reichshauptstadt. Wohin mit den Menschen? Diese Frage war einfach nicht zu beantworten, solange es unbekannt war, wo für sie noch Platz war. Sicher war nur das eine: Schon im August gab es nur noch wenig Platz in der sowjetischen Besatzungszone. »In der Provinz Mecklenburg und Vorpommern kommen in zahlreichen Ortschaften drei bis vier Umsiedler auf einen Ortsansässigen. In vielen Bauernhäusern sind vierzig Personen zusammengedrängt«, schreibt der Berichterstatter des Internatio-

AUFRUF
an die
Ausgewiesenen!

12 Jahre Nationalsozialismus haben unser Land vollständig zusammenbrechen lassen. Ihr erlebt jetzt seit einigen Tagen und Wochen nur einen Bruchteil dessen, was Russen, Polen, Tschechen und andere Völker sowie die deutschen Antifaschisten seit Jahren unter Hitler erdulden mußten. Es soll auf keinen Fall Gleiches mit Gleichem vergolten werden. Darum versuchen wir unser Möglichstes, euch zu helfen. Unsere Mittel sind gering — unser Wille ist groß, aber auch ihr müßt mithelfen. In Berlin könnt ihr nicht bleiben, darum zieht nach einer Übernachtung weiter aufs Land, das für euch bereit ist.

Folgt allen Anweisungen unserer Helfer!

Verpflegung können wir nur von dem Wenigen geben, das unserer eigenen Bevölkerung zur Verfügung steht und von ihr gespendet wird. Transportmöglichkeiten sind nicht vorhanden, darum müßt ihr zu Fuß weiter. Euer Los ist jetzt schwer, aber ihr seid mit der Landarbeit vertraut.

Helft mit im Ernteeinsatz!

Werdet in der neuen Heimat seßhaft und helft uns, ein neues Deutschland aufzubauen, in dem alle freudig für Demokratie und Frieden wirken.

MAGISTRAT DER STADT BERLIN

Der Oberbürgermeister Abteilung für Sozialwesen
Dr. Werner Ottomar Geschke

»In Berlin könnt ihr nicht bleiben.« Aufruf des Berliner Magistrats an die Ausgewiesenen, ins Umland auszuweichen. Aber auch das Umland war überfüllt.

nalen Roten Kreuzes nach Genf. Vorschläge, wie der in einem Artikel der *Täglichen Rundschau* vom 22. Juli formulierte, die Flüchtlinge könnten in den ländlichen Provinzen »zur Erntearbeit eingesetzt« werden, erwiesen sich als fromme Wünsche. Wenn auch die »Großgrundbesitzer ... durch die Bank geflüchtet« waren, wie der Artikelschreiber feststellte, so waren ihre Güter doch schon bald nach Kriegsende mit Heimatvertriebenen überfüllt. Dort wartete niemand auf die Ausgewiesenen, die nun auch noch von Berlin aus angereist kamen. An »ungelernten, billigen Arbeitskräften ... als Ersatz für die früheren Ostarbeiter«, wie es in dem Bericht des Internationalen Roten Kreuzes ungeschönt heißt, gab es bereits genug. Im Berliner Umland war genau so wenig Platz für die Flüchtlinge wie in der Reichshauptstadt selbst. Kurzfristig zeichnete sich keine Lösung für das Dilemma ab.

Um die Missstände zu beseitigen und einen geregelten Informationsaustausch zwischen Berlin und den umliegenden Provinzen einzuleiten, war für den 3. August ein Treffen der mit Flüchtlingsfragen beauftragten Vertreter der Länder Mecklenburg, Brandenburg, Sachsen und Thüringen geplant. Auf Berliner Seite war man gut vorbereitet. Die Abteilung Ausgewiesene und Heimkehrer hatte Statistiken über die Bevölkerungsdichte und landwirtschaftliche Nutzflächen in den entsprechenden Ländern sowie über die noch zu erwartende Anzahl von Ausgewiesenen anhand von Erhebungen aus dem Jahre 1939 angefertigt. Doch das Treffen platzte. Mecklenburg hatte die Einladung nicht erhalten, die Vertreter aus Thüringen und Sachsen konnten wegen Autopannen nicht erscheinen. Das planlose Hin- und Herschieben der Menschen, das die Berliner Behörden zu unterbinden suchten, konnte bis Mitte September nicht wirklich beendet werden.

Erst mit der von Shukow am 10. September angeordneten Gründung der Zentralverwaltung für deutsche Umsiedler, die die Flüchtlingslenkung innerhalb der sowjetischen Besatzungszone koordinieren sollte, kam ein gewisses Maß an Ordnung in die Weiterleitung bzw. wurde nun immerhin ein eigenes Amt damit betraut, die Weiterleitung in geregelte Bahnen zu leiten. Es dauerte indes lange, bis die Arbeit der Zentralverwaltung Wirkung zeigte. Die Abteilung Ausgewiesene und Heimkehrer in Berlin, die weiterhin bestehen blieb, konnte bis Anfang Oktober noch keinerlei Verbesserung der Lage in Berlin feststellen. Im

Laufe des Herbstes entwickelten die Flüchtlingsbeauftragten dann jedoch detaillierte Pläne für die Weiterleitung und instruierten die Lagerleiter in Berlin in mehreren Rundschreiben über den vorgesehenen Ablauf. Die Heimatvertriebenen sollten jetzt nur noch in Sammeltransporten zu ihrem jeweiligen Zielort gebracht werden. Die Zusammenstellung dieser Transporte erfolgte in der Zentrale Am Köllnischen Park, die wiederum die Lagerverwaltungen über Abfahrtzeiten und Zielorte der Züge informierte. Die Lagerverwaltungen waren dann dafür verantwortlich, in den jeweiligen Lagern die weiterzuleitenden Personen zu bestimmen und unter ihnen einen Treckführer zu ernennen. Diesem sollte der »Marschbefehl« mit Angabe des Zielortes und eine Namensliste der Reisenden ausgehändigt werden. Der Treckführer übernahm damit eine – eher symbolische – Verantwortung für seinen Zug. Auf dem Weg vom Lager zum Bahnhof, der mal zu Fuß, mal mit Militärtransportern zurückgelegt wurde, sollten die Trecks von einem Sanitäter, zwei Polizisten und zwei zivilen Lagerhelfern begleitet werden. Jeder Treck sollte vom Lager mit Marschverpflegung »für mindestens zwei volle Tage« ausgestattet werden – was natürlich längst nicht immer geschah –, und die Betroffenen mussten vor der Abreise noch einmal ärztlich untersucht werden. In bester preußischer Tradition sollte die Reichsbahndirektion mindestens 24 Stunden vor Abfahrt der jeweiligen Transportzüge davon in Kenntnis gesetzt werden, wie viele Personen weiterreisen würden.

Auf dem Papier war die Weiterleitung jetzt bis ins Kleinste geregelt. In der Realität war und blieb sie jedoch noch lange Zeit vom Zufall bestimmt. So konnte die Anzahl der Personen, die in ein bestimmtes Zielgebiet weitergeleitet werden sollten, zwar durchaus 24 Stunden im Voraus bei der Reichsbahndirektion bekannt gegeben werden, doch die Lagerleiter erhielten oft »erst in letzter Stunde Nachricht, ob und wie viele Waggons bereitgestellt werden«. Langfristiges Planen bei der Weiterleitung war daher bis Ende 1945 nicht möglich. Die Leidtragenden waren in erster Linie natürlich die Flüchtlinge.

»Oft ging unser Vater zur Registratur und fragte, wann wir nun endlich in den Westen gebracht würden. Wir lebten ja schon wochenlang im Lager. Aber man schickte ihn immer wieder ohne konkrete Antwort zurück.« Hin und wieder sahen Lothar und Horst Baumgart britische

Eine Flüchtlingsregistratur irgendwo in Deutschland. Über den Zeitpunkt der Weiterleitung entschieden die Beamten.

Militärlaster vor den Lagertoren in der Kruppstraße stehen. Mit ihnen wurden die Heimatvertriebenen zum Bahnhof gebracht. In langen Reihen warteten die Glücklichen, für die endlich ein Transport zu ihrem zukünftigen Wohnort bereitstand, hinter den LKWs. Einer nach dem anderen kletterten sie auf die Ladeflächen. Ein Anblick, der nur schwer zu verkraften war für die beiden ostpreußischen Jungen. »Wann sind wir denn nun endlich dran?« Das war die einzige Frage, die ihnen im Kopf herumging, mit der sie morgens aufwachten, mit der sie wieder und wieder ihre Eltern quälten. Es ging auf den Winter zu, die Heizung im Lager, die Toiletten, nichts funktionierte, zu guter Letzt brach auch noch eine Typhusepidemie aus. »Weg aus Berlin, weg aus der Kruppstraße, fort in den Westen, zu Onkel Bruno nach Hannover«, das war der größte Wunsch der Baumgarts. Am schwarzen Brett waren zwar hin und wieder Züge Richtung Niedersachsen angekündigt, aber nie stand ihr Name auf den Listen. Immer wieder kehrte der Vater kopfschüttelnd zu Frau und Kindern zurück. »Da ist unsere Mutter in die Registratur gegangen und hat mehrere tausend Reichsmark mitgenommen. Die hat sie einem der Beamten in die Hand gedrückt und ihn um schleunigste Weiterleitung gebeten. Und auf einmal, neun Wochen nach unserer Ankunft, klappte es!«

Anfang Dezember stand die Familie Baumgart mit Sack und Pack hinter den Transportern der britischen Armee vor den Toren des Lagers. Jetzt endlich ging es los! Ein neues, ganz anderes Leben sahen die beiden Jungen vor sich. Bald würden sie nicht mehr unter Flüchtlingen in Lagern leben, sondern in einer eigenen Wohnung mit Möbeln, mit richtigen Betten. Der Vater würde wieder arbeiten, die Mutter einen Haushalt führen. Sogar auf die Schule freuten sich Lothar und Horst. Als sich die Autokolonne jedoch in Bewegung setzte, wurden sie rüde in die Realität zurückgeholt. Eine Frau stürzte von der Ladefläche eines der Laster und blieb schwer verletzt liegen. Die Fahrzeuge waren einfach überfüllt. Für die Frau war die Weiterleitung vorerst beendet; sie wurde zurück ins Lager gebracht. Lothar, der das Unglück aus nächster Nähe gesehen hatte, war der Schrecken tief in die Knochen gefahren. Erst als die LKWs den Bahnhof Grunewald erreichten und der Zug in Richtung Westen anrollte, fühlte er sich wieder besser. Jetzt begann die Zukunft!

Die Freude war etwas voreilig. In Hannover bot sich Baumgarts ein Bild völliger Zerstörung. Das hatten sie nicht erwartet nach den neun Wochen Lagerleben in Berlin. Hier wollten sie nicht bleiben. Eine solche Ruinenstadt sollte nicht ihre neue Heimat werden. »Hier steigen wir nicht aus«, sagte die Mutter bestimmt. »Wir fahren weiter, wohin auch immer der Zug uns bringen mag.« Er endete schließlich in Vechta, gut hundert Kilometer westlich der niedersächsischen Hauptstadt. Obwohl die Reisebescheinigung der Baumgarts nicht für Vechta ausgestellt war, wurden sie in der kleinen Provinzstadt bereitwillig aufgenommen. Sie erhielten eine erste Unterkunft bei einem Textilhändler direkt am Marktplatz im Stadtzentrum.

Es war kurz vor Weihnachten, als für Lothar und Horst nun auch wieder der »Ernst des Lebens«, die Schule, begann. Sie lag unweit ihrer neuen Bleibe in der Nähe vom Markt. Im darauf folgenden Frühjahr allerdings wurde ihr Schulweg etwas länger. »Im April 1946 mussten wir in ein Barackenlager umziehen, das zwei Kilometer außerhalb der Stadt lag. Der Besitzer des Textilgeschäftes wollte uns nicht mehr bei sich behalten; wir Kinder waren ihm einfach zu laut und wild. Das konnte man schon verstehen. Wir lebten dann ein knappes halbes Jahr in der ›roten Baracke‹.« Die »rote Baracke« war ein langer, flacher Holzbau, in dem an die zwanzig Familien untergebracht waren. Sie stand mit zwei weiteren Baracken auf einem Gelände in der Nähe des Flugplatzes von Vechta. Wozu das Lager vorher gedient hatte, war den neuen Bewohnern nicht bekannt. Nicht nur Vertriebene waren dort untergebracht, sondern vor allem Ausgebombte, die in großer Zahl aus Bremen kamen. Baumgarts durften immerhin zwei Zimmer beziehen, und der Textilkaufmann hatten ihnen ein paar Möbel – Betten, einen Tisch, einen Stuhl und sogar einen Schrank – mitgegeben. So ließ es sich leidlich leben.

Im Sommer 1946 fand der Vater von Lothar und Horst eine Anstellung als Schmiedemeister, und die Familie zog nach Molbergen, einem kleinen Ort in der Nähe von Cloppenburg. Hier lebten die Baumgarts zehn Jahre lang; die Zeit der Ungewissheit war beendet. Sie steuerten nun, wie alle anderen Deutschen auch, den Wirtschaftswunderzeiten entgegen.

So wie Lothar und Horst Baumgart hatte auch Werner Müller wochenlang auf seine Weiterleitung warten müssen. Er und seine Familie gelangten schließlich nach Krofdorf bei Gießen. Dorthin hatte Werners ältester Bruder Eugen vor dem Krieg geheiratet. Die Reisebescheinigung für die Weiterleitung hatte das Bezirksamt Tiergarten bereits bei der Registratur am 22. September ausgestellt. Bis die Müllers Berlin wieder verließen, sollten allerdings mehr als zwei Monate vergehen. Erst

Ende November wurde die Familie mit einem Konvoi aus Militärlastern zum Bahnhof gebracht. Die Weiterreise nach Hessen entwickelte sich dann zu einer kleinen Odyssee. »Der Flüchtlingstransport ging von Berlin aus nach Oelsnitz im Vogtland. Dort war in einer alten Burg oberhalb des Ortes ein großes Sammellager für Flüchtlinge eingerichtet. Da lebten wir ungefähr zwei, drei Tage, dann brachte man uns etwas weiter nach Bad Elster, wo wir in einem Kurhotel einquartiert wurden. Offenbar wollte man uns etwas Erholung gönnen – es war schon sehr eigenartig.« Der Aufenthalt in Bad Elster dauerte allerdings auch nur wenige Tage, dann wurden Müllers zurück nach Oelsnitz gebracht, von dort ging es nach einer Nacht wiederum weiter nach Hof in Bayern, ins Durchgangslager Moschendorf. Hier wurden Müllers einmal mehr entlaust und ärztlich untersucht, dann erst bekamen sie die Mitteilung, dass in den nächsten Tagen ein Zug Richtung Frankfurt abfahren würde. »Der Zug bestand aus Viehwaggons. Aber wir machten uns deswegen keine großen Sorgen. Immerhin hatten wir bei der Abreise ein Kilo Dauerwurst, ein halbes Pfund Butter und ein großes Weißbrot erhalten. Das war für uns wie Weihnachten. Aber die Fahrt nach Frankfurt dauerte drei Tage. Wir sind riesige Umwege gefahren, wahrscheinlich weil das Bahnnetz so zerstört war; jedenfalls kamen wir bis an den Rand der Alpen.« Nachts – es war inzwischen Anfang Dezember – beschlugen die Innenwände der Viehwagen durch den Frost; Einquartierungen auf Bahnhöfen gab es nicht. Nur alle paar Stunden hielt der Zug, damit die Leute ihre Notdurft verrichten konnten. Erst in Frankfurt konnten Müllers wieder in einen Personenzug umsteigen, der sie nach Siegen brachte, von dort fuhren sie mit Postbussen weiter nach Krofdorf. »Unser Empfang dort war frostig. Mein Bruder war noch in Kriegsgefangenschaft, und die Familie meiner Schwägerin schien sich über unser Auftauchen nicht besonders zu freuen. Zum Glück mussten wir nur wenige Tage bei ihr leben, dann erhielten wir vom Bürgermeisteramt eine eigene Wohnung zugewiesen.«

Werner verbrachte den Rest seiner Jugend in Krofdorf, ging dort zur Schule und begann eine Lehre. Seine Integration verlief jedoch schleppend. In Krofdorf lebten viele Ausgebombte aus dem Rheinland und dem Ruhrgebiet; als 1946 auch noch zahlreiche Aussiedler aus dem Sudentenland in dem Ort einquartiert wurden, wurde das Verhalten gegenüber den Neulingen immer kühler. Die Angst vor Überfremdung bezog sich damals auf die Deutschen aus dem Osten. Es war keine leichte Zeit für Werner, denn auch das Auseinandergerissensein der Familie durch Krieg, Flucht und Vertreibung ließ sich nicht mehr rückgängig machen. 1946 erhielten Müllers die Nachricht, der Vater sei aus der Kriegsgefangenschaft entlassen worden und werde bald nach Krofdorf kommen. Doch jahrelang erwartete ihn seine Familie vergeblich. Erst Anfang der fünfziger Jahre brachte eine Suche des Roten Kreuzes ans Licht, dass er inzwischen eine neue Familie gegründet hatte und in Mölln wohnte. »Für meine Mutter war das ein schwerer Schlag. Sie war schon sehr krank, und diese Enttäuschung konnte sie nicht mehr verkraften. Sie starb wenige Wochen nach dieser Nachricht.« Seinen Vater sah Werner erstmals auf der Beerdigung der Mutter im November 1951 wieder.

Weniger dramatisch verlief die Weiterleitung und der Einstieg in ein neues Leben fern der ostpreußischen Heimat für Hildegard Gustmann. Am 8. November, acht Wochen nach ihrer Ankunft im Lager Kruppstraße, war es endlich so weit. Am schwarzen Brett fand sie die Nachricht, dass am folgenden Tag ein Zug nach Köln führe. Sofort liefen sie und Erna Holzenberger, die Cousine ihres Vaters, zu einem Schalter im Flur, um sich für den Transport zu melden. Sie wollten zu Bekannten nach Solingen. Wie alle hatten sie bei der Registratur ihren Zielort angegeben, aber die Behörden trugen die Flüchtlinge nicht immer automatisch in die Listen zur Weiterleitung ein, sondern warteten mitunter auf deren Rückmeldung. Hier praktizierte wohl jeder Sachbearbeiter sein eigenes System; Müllers z. B. waren namentlich auf einer Liste zur Weiterleitung aufgeführt gewesen, die im Hof der alten Kaserne aushing. Hildegard und Erna mussten sich dagegen für den angegebenen Zug nach Köln extra eintragen lassen. Sie hatten natürlich Angst, die Plätze im Zug könnten schon alle vergeben sein. »Kommen Sie morgen früh wieder, dann erfahren Sie Genaueres«, sagte der Mann am Schalter. Für das Mädchen und die Frau aus Ostpreußen begannen nun ein Tag und eine Nacht bangen Wartens. Doch sie hatten Glück, und am nächsten Morgen erhielten sie vom Mann am Schalter die Mitteilung, sich in zwei Stunden vor dem Lagertor einzufinden. Der Ton des Beamten war sehr sachlich und kühl. »Man merkte, dass die Leute froh waren,

Kohle- oder Viehwaggons. Die Weiterleitung war alles andere als komfortabel.

wenn sie die Flüchtlinge loswurden.« Hildegrad und Erna Holzenberger packten ihre paar Habseligkeiten zusammen und gingen vor das Tor. Groß verabschieden mussten sie sich von niemandem. Im Lager Kruppstraße herrschte ein ständiges Kommen und Gehen, die beiden hatten in den neun Wochen kaum Kontakt zu anderen Vertriebenen geknüpft.

Britische Soldaten eskortierten den Treck für die Weiterleitung zum Lehrter Bahnhof. Auf dem Bahnsteig warteten bereits viele hundert andere Flüchtlinge auf den Zug nach Köln. Schließlich rollten Güterwaggons ein. Hildegard war wie die meisten überrascht, doch die britischen Soldaten ließen keinen Zweifel daran, dass dies der richtige Zug war. Er hatte am Tag zuvor eine Ladung Kohlen aus dem Ruhrgebiet nach Berlin gebracht. Die Innenwände der Wagen waren voller Ruß, Sitzgelegenheiten gab es keine. Die Flüchtlinge mussten sich auf ihr Gepäck hocken oder stehen, die ohnehin nicht gerade reinliche Kleidung wurde mit jeder Stunde schwärzer vom Kohlenstaub – so hatte sich Hildegard ihre Weiterleitung nicht vorgestellt. »›Goodbye‹, hieß es, dann ging es los. Verpflegung für die Fahrt erhielten wir nicht. Es war November, und wir fuhren in offenen Waggons durch das vom Krieg gezeichnete Land. Wir froren erbärmlich und zitterten am ganzen Körper, aber auf den Haltestationen bekamen wir von Helfern des Roten Kreuzes oder der Bahnhofsmission Butterbrote und heißen Malzkaffee. Als wir für eine Nacht lang in Ahlen anhielten, wurden wir in einer Dorfschule untergebracht. Sie war kuschelig warm, und wir lagen auf schönem frischem Stroh. Man hatte uns auch Waschschüsseln mit heißem Wasser, Seife und Handtücher gebracht.«

In Köln verbrachten Hildegard und Frau Holzenberger eine Nacht auf einer Holzbank im Bahnhof, dann nahmen sie einen Zug nach Solingen, wo es ihnen schließlich auch gelang, Familie Deichmann ausfindig zu machen. Sie kannten Deichmanns aus Ostpreußen. Während des Krieges waren sie nach Mohrungen, Hildegards Heimatstadt, evakuiert worden, und nun standen die beiden Flüchtlinge vor deren Haustür wie seinerzeit Necca im Berliner Gäßnerweg bei der Familie von Brigitte Krüger. Die Solinger standen den Berlinern in nichts nach. Sie nahmen Hildegard und Erna Holzenberger bei sich auf und ermöglichten ihnen einen neuen Anfang. Hildegard fand schon bald eine Anstellung als Haushälterin bei einem Zahnarzt. Über das Rote Kreuz kriegte sie schließlich auch den Aufenthaltsort ihres Vaters heraus, den sie 1944 zuletzt gesehen hatte. Er lebte mit Hildegards jüngerem Bruder in Salzgitter. Ihre kleine Schwester, die mit Verwandten über die Ostsee nach Dänemark geflohen war, hatte es nach Schleswig Holstein verschlagen. Erst 1949 – vier Jahre nach der Flucht aus Mohrungen – sah Hildegard ihre Familie wieder. Es kam ihr fast wie ein Wunder vor. Zu einem neuen Zusammenleben kam es jedoch nicht. Hildegard blieb in Solingen, Vater und Bruder am Nordrand des Harz, die Schwester in Norddeutschland. Das Familienleben hatte 1944 geendet.

Hildegard hatte Glück im Unglück gehabt. Ohne ihre Bekannten in Solingen wäre der Einstieg in ein neues Leben nicht so leicht möglich gewesen. Sie war beinah selbst überrascht, wie plötzlich und schnell sie ihre Flüchtlingszeit hinter sich ließ. Während der langen Zeit im Lager Kruppstraße hatte sie sich oft gefragt, was bei ihrer Ankunft in Solingen geschehen würde, ob Deichmanns noch lebten, ob ihr Haus noch stünde. Sie hatte Angst gehabt, und das lange Warten auf eine Weiterleitungsmöglichkeit hatte an ihren Nerven gezerrt. Oft, wenn am schwarzen Brett wieder einmal kein Zug Richtung Köln angeschlagen war, hatte sie darüber nachgedacht, wie sie eigenständig nach Solingen gelangen könnte, aber ihr hatte letztlich immer der Mut gefehlt, sich auf eigene Faust durchzuschlagen.

Dabei war es bis Ende September eher normal gewesen, dass Flüchtlinge, die in den Westen wollten, mit fahrplanmäßigen Zügen in eigener Regie reisten. Das wichtigste Dokument, das sie dazu benötigten, war die Reisebescheinigung, die entweder Am Köllnischen Park 3 oder im Auftrag der Bezirksämter in den Registrierstellen der Lager ausgestellt wurde. Sie war auf Deutsch, Russisch und Englisch verfasst und gab an, woher der Vertriebene kam und wohin er reisen sollte. Das Papier war als Passierschein im Falle von Kontrollen durch die russische, britische oder amerikanische Armee gedacht, in erster Linie aber für die Behörden am Zielort bestimmt. Es sollte dort Bleiberecht und Einquartierung gewährleisten. Diese Regelung war für die Berliner Behörden natürlich recht praktisch. Die betreffenden Ämter stellten die Reiseerlaubnis aus, und die Flüchtlinge nahmen einen der regulären Personenzüge Richtung Westen. Doch Anfang Oktober wurde diese Art der Weiterreise auf Anordnung der Zentralverwaltung für deutsche Umsiedler offiziell untersagt. Dahinter stand ein organisatorisches Interesse. Die Flüchtlingsbehörden und Alliierten, insbesondere die Sowjets, wollten die Völkerwanderung in und durch die russische Besatzungszone in geregelte

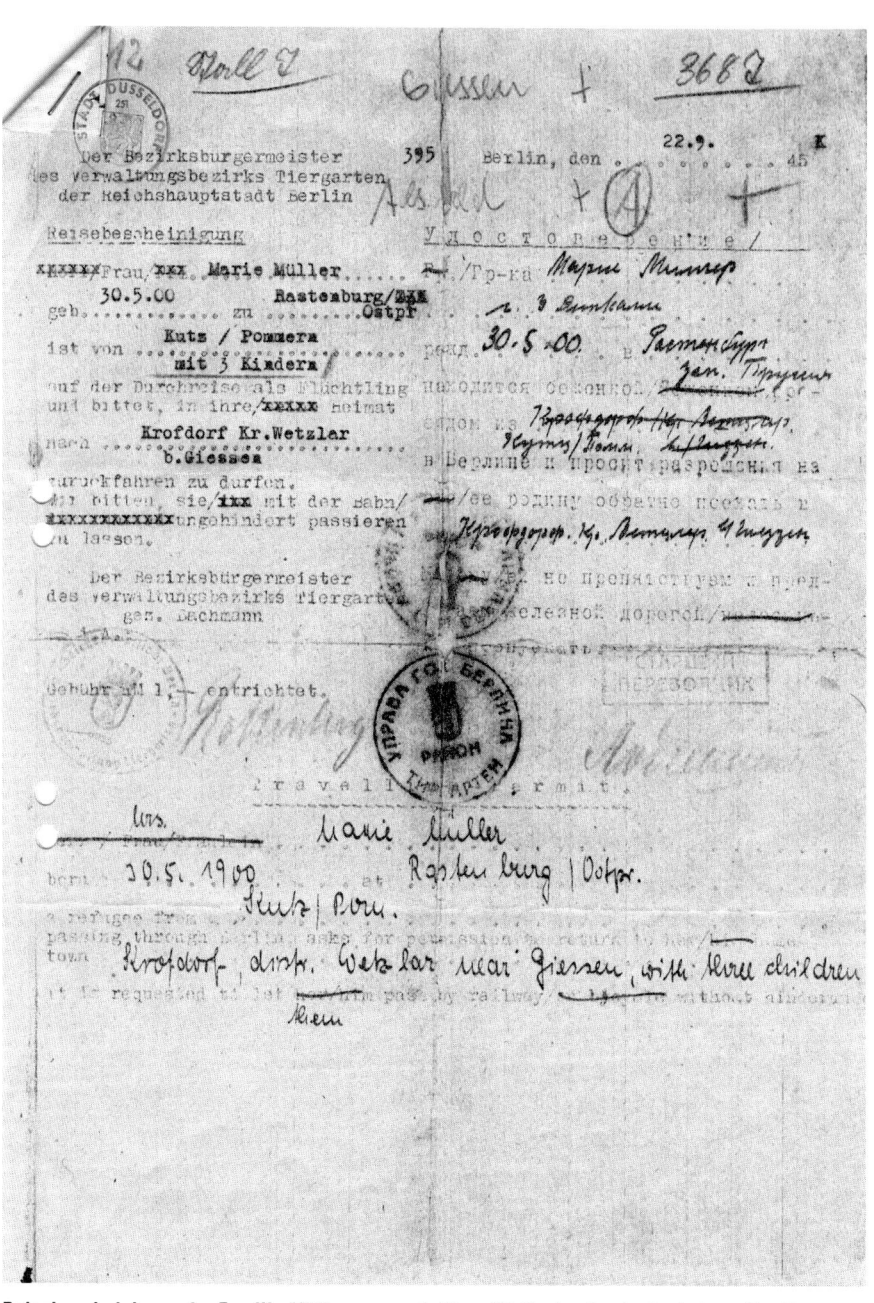

Reisebescheinigung der Familie Müller, ausgestellt am 22. September in der Lehrter Straße.

Bahnen leiten. Zu diesem Zweck hatte die Zentralverwaltung für deutsche Umsiedler bereits Mitte September einen »generellen Stopp« angeordnet. Ausgewiesene sollten an dem Ort verweilen, an dem sie sich gerade befanden. Es ging darum, eine Überblick zu gewinnen, wie viele Heimatvertriebene sich bereits in Berlin und in den von den Sowjets besetzten Reichsgebieten befanden. Gedacht war an so etwas wie eine Heimatvertriebenenzählung. Im Anschluss sollte der Flüchtlingsstrom dann nur noch durch Sammeltransporte gelenkt werden.

Der Plan schlug vollkommen fehl. Der »generelle Stopp« erwies sich – kaum angeordnet – als vollkommen unrealisierbar. Es wäre wohl auch ein Wunder gewesen, wenn sich die durch die sowjetische Besatzungszone ziehenden Heimatvertriebenen durch einen Amtsbeschluss hätten aufhalten lassen. Unbeirrt zogen sie auch weiterhin durch Mecklenburg, Brandenburg und Sachsen, strömten zu Tausenden in die Reichshauptstadt. Daher sah sich nun wiederum die Stadt Berlin nicht in der Lage, den Weiterleitungsstopp einzuhalten. Bei den vielen Neuankömmlingen war an eine auch nur halbwegs befriedigende Versorgung der Flüchtlinge nur dann zu denken, wenn zugleich eine ähnlich große Anzahl von Heimatlosen die Stadt wieder verließ. Der »generelle Stopp« wurde daher wieder aufgehoben. Die Zentralverwaltung für deutsche Umsiedler sah ein, dass er für Berlin verheerende Folgen gehabt hätte. Alle Flüchtlinge, die neu nach Berlin kamen, sollten daher auch weiterhin die Reichshauptstadt nach 24 Stunden wieder verlassen. Nur diejenigen Flüchtlinge, die ohnehin schon in den Lagern auf ihre Weiterleitung warteten, waren jetzt noch von dem »Stopp« betroffen. Ihre Situation änderte sich nur insofern, als es den Berliner Behörden jetzt streng untersagt war, Bescheinigungen für individuelle Reisen in den Westen auszustellen. Im Dezember gab das Hauptamt für Sozialwesen dann sogar folgende Meldung über Rundfunk und Presse heraus: »Der Bevölkerungsaustausch vom Osten zum Westen erfolgt ... nur in bestimmten Sonderzügen ... In der Stadt Berlin erfolgt die Registrierung für diese Sonderzüge nur beim zuständigen Bezirksamt, Abt. für Sozialwesen, oder bei den zuständigen Umsiedlerlagern ... Einzelfahrten sind verboten. Der Grenzübertritt für Einzelgänger ist gesperrt ... Es gibt keine Unterkunft und Verpflegung für die wilden Reisen. Wer nicht im Sammeltransport fährt, wird zurücktransportiert zum Abreiseort.« Das

Verbot wurde aber offenbar immer wieder unterlaufen, weil die Weiterleitung in Sammeltransporten einfach zu schleppend verlief und nicht alle Heimatvertriebenen so geduldig waren wie Hildegard Gustmann, Werner Müller oder Lothar und Horst Baumgart.

Eines der Hauptprobleme war die Zerstörung des Bahnnetzes und der Mangel an Lokomotiven und Wagen. Hinzu kam, dass die Reichsbahndirektion der sowjetischen Kommandantur unterstand und nicht eigenmächtig handeln durfte. Bei der Entscheidung, wo, wann, was für ein Zug zusammengestellt wurde, hatten die Heimatvertriebenen offensichtlich die schlechteste Lobby. Auf den wenigen noch intakten Strecken in den Westen hatten Versorgungszüge absolute Priorität. Die Reichsbahndirektion musste außerdem einen Großteil ihrer Waggons der Roten Armee für Truppentransporte zur Verfügung stellen. Im Septemberbericht der Abteilung Ausgewiesene und Heimkehrer heißt es dazu nur knapp: »Die Reichsbahndirektion vermochte leider keine Transportzüge zu stellen, da die Personenwaggons von der russischen Militäradministration zu anderen Zwecken benötigt wurden.« Im gleichen Bericht wurde außerdem vorgerechnet, dass mindestens vier Züge täglich mit einer Kapazität von jeweils tausend Personen erforderlich seien, um eine rasche Weiterleitung gewährleisten zu können. Aber erst ab Mitte Oktober konnten die Berliner Flüchtlingsbeauftragten mit täglich ein bis zwei Zügen mit unbestimmter Größe rechnen. Dadurch wurde das Problem nochmals potenziert, denn die Lager füllten sich durch die Verzögerungen bei der Weiterleitung immer mehr. Im Spätherbst hätten dann auch vier Züge pro Tag längst nicht mehr ausgereicht, um die vielen Ausgewiesenen in absehbarer Zeit zu ihrem gewünschten Zielort oder in ein neues Siedlungsgebiet zu transportieren. Die Bemühungen um ein effektives Weiterleitungsverfahren waren gescheitert.

Warten auf den nächsten Zug zum gewünschten Zielort – das war für Ida Dahlke und ihre Familie nicht möglich. Sie kampierten am Stettiner Bahnhof unter freiem Himmel, und es war immerhin schon Anfang Oktober. Zwar gab es zum Glück noch keinen Frost, aber die Nächte waren doch schon empfindlich kalt. Dahlkes besaßen ja auch außer ihrer Kleidung und ein paar Decken keine besondere Wetterausrüstung. Gegen Sturm und Regen waren sie kaum geschützt, und sie konnten von Glück reden, dass der Herbst bislang sehr mild war. Ihr Glück wollten sie aber dennoch nicht unnötig auf die Probe stellen. Herr Dahlke hatte bei der Registratur um einen Transport nach Neudettelsau, einer Kleinstadt bei Nürnberg, gebeten. Dort lebte sein Bruder. Aber der nächste Zug in diese Richtung – so hieß es – führe frühestens in zwei Wochen. So lange im Freien zu hausen, schien allen zu riskant. Als ihnen eine Weiterleitung nach Löcknitz angeboten wurde, zögerten sie nicht, die Gelegenheit wahrzunehmen. »Hurra, wir haben eine Einweisung, endlich wieder ein Dach über dem Kopf‹, das war unser erster Gedanke, wir freuten uns riesig. Außerdem, so meinte meine Mutter, sei es doch besser in der Nähe von Berlin zu bleiben, denn wenn wir erst in unsere Heimat zurückkehren könnten – und damit rechneten wir damals noch fest –, dann wären wir in Löcknitz doch viel näher an Ostpreußen als unten in Nürnberg.«

In der Lehrter Straße hatte man der Familie eine Reisebescheinigung für die Zugfahrt nach Löcknitz ausgestellt, was dort dann geschehen würde, darüber war nichts bekannt gegeben worden. Dahlkes machten sich deswegen aber keine Sorgen, die Zuweisung musste ja doch ihren Sinn haben. Außerdem – was sollte sie in Berlin halten? Dort gab es für sie nichts außer ihrem Schlafplatz im Windschatten der Mauer des ausgebrannten Bahnhofgebäudes und ein Weißbrot pro Tag für die ganze Familie. In Löcknitz musste es wohl besser sein, da es schlimmer kaum kommen konnte. So packte die Großfamilie ihre wenigen Sachen zusammen und bestieg zehn Tage nach ihrer Ankunft in Berlin den Zug, der sie in ihr neues Siedlungsgebiet bringen sollte. Er stand am Stettiner Bahnhof bereit; nicht einmal für die Weiterleitung musste Ida ein Stückchen durch die Stadt laufen. Alles, was sie von Berlin gesehen hatte, war die Trümmerlandschaft rund um den Bahnhof. Weiter hatte sie sich niemals getraut. Die Ruinen um sie herum hatten ihr Angst gemacht. Ida dachte, die ganze Stadt sei verwüstet, und die Vorstellung, durch die zerbombten Straßen zu wandern, war ihr unheimlich. Sie war nun froh, von Berlin wegzukommen. »Auf der Fahrt habe ich dann die Namen der Ortschaften gelesen, durch die wir hindurchfuhren. Ich habe mich zuerst gewundert, dass sie mir alle irgendwie bekannt vorkamen. Dann fiel mir plötzlich mit Erschrecken ein, dass ich die Namen alle schon mal gelesen hatte, als wir von Stettin nach Berlin gefahren waren. Ich fragte den Schaffner und erfuhr, dass Löcknitz im Osten, zwei Kilometer von der polnischen Grenze entfernt liegt.« Da bekam es Ida mit der Angst zu tun. Es waren noch keine vierzehn Tage vergangen, dass die Dahlkes Polen verlassen hatten. Sie waren in Viehwaggons transportiert worden, hatten Plünderungen und Demütigungen miterleben müssen, hatten um ihr Leben gefürchtet. Das alles war noch nicht Teil einer weit zurückliegenden Geschichte, sondern gehörte zu den Ereignissen der letzten Wochen. Ida und ihrer Familie erschien es, als brächte sie der Zug nach Löcknitz geradewegs in diese Geschehnisse zurück. »Beim nächsten Halt stürzten wir aus dem Waggon und bestiegen den nächsten Zug in die Gegenrichtung. Das war ein Kohlezug, und weil es nieselte, waren die Kohlen schmierig und rutschig. Aber das war uns egal. Nur weg, weg von der Grenze, auf keinen Fall nach Löcknitz. Das war unser einziger Gedanke.«

Der Kohlenzug brachte sie nicht, wie sie vermutet hatten, zurück in die Hauptstadt, sondern fuhr nach Angermünde. Das Wetter wurde inzwischen immer schlechter, das Nieseln ging in einen satten Landregen über, und zum Fahrtwind gesellten sich eisige Sturmböen. Als der Zug endlich Angermünde erreichte, stiegen Dahlkes durchnässt, todmüde und rußverschmiert vom Wagen herunter. Sie waren nicht vom Regen in die Traufe, sondern wohl eher von der Traufe in den Regen gekommen. Im ungestümen Wetter übernachtete die Familie auf dem Bahnsteig; im Bahnhofsgebäude waren russische Soldaten, deren Aufmerksamkeit sie sich entziehen wollten. Um sich vor Wind und Wetter zu schützen, setzte sich Anna, Idas Schwester, mit ihrer kleinen Tochter Ursel neben einen großen Eichenschrank, der – aus welchem Grund auch immer – herrenlos auf dem Bahnsteig herumstand. Doch es wurde ihr plötzlich mulmig so abseits der anderen, und sie gesellte sich zum Rest der Familie. Sie hatte großes Glück, denn kurze Zeit später fiel dieser Schrank mit großem Krach unter einer Sturmböe um. Er kippte auf genau die Seite, wo meine Schwester gesessen hatte.« Einerseits waren Dahlkes erleichtert, dass nichts passiert war, andererseits wurde ihnen noch stärker ihre hilflose Lage bewusst. Ihr Leben war ein Spielball des Zufalls geworden. Ohne Ziel und ohne Richtung blickten sie in eine völlig ungewisse Zukunft.

Am nächsten Morgen erkundigten sie sich beim Bahnhofsvorsteher, wie sie nach Berlin zurückkommen könnten. »Nehmt den nächsten Zug

Richtung Neustrelitz. Von dort kommt ihr zurück nach Berlin.« Am gleichen Tag war das allerdings nicht mehr möglich, so mussten sich Ida und ihre Familie auf eine weitere Nacht im Freien auf dem Neustrelitzer Bahnhof einstellen. Doch Ida streunte ein bisschen um den Bahnhof herum und fand in einem der Nachbarhäuser tatsächlich für Flüchtlinge und andere Obdachlose eine Vermittlungsstelle für Nachtquartiere. »Es sah eher nach einer privaten Initiative aus als nach einer behördlichen Einrichtung. Die nette junge Frau, die die Stelle leitete, schickte mich zu einem Wirtshaus am Marktplatz. Dort durften wir alle auf dem Boden der Gaststube schlafen.« Es war das erste Mal seit der Ausreise aus Polen, dass die Dahlkes in einem geschlossenen, noch dazu geheizten Raum übernachteten, und am nächsten Morgen spendierte der Wirt auch noch für alle eine Tasse Kaffee. »Wir waren so erschöpft und so froh über unsere Herberge, dass wir ihn baten, noch eine weitere Nacht bleiben zu dürfen. Nach einigem Zögern stimmte er zu. ›Länger kann ich euch aber nicht behalten, andere Leute freuen sich auch, wenn sie in einer warmen Stube schlafen können.‹ Das sahen wir ein. Außerdem wollte wir ja auch irgendwann ein neues Zuhause finden.«

In Neustrelitz konnte ihnen niemand einen neuen Wohnort zuweisen; Flüchtlingsfragen, so war die generelle Meinung, würden in der Reichshauptstadt geklärt. So bestieg die Familie Dahlke nach zwei Tagen in Neustrelitz wiederum einen Zug Richtung Berlin. Die Fahrt endete auf dem den Dahlkes bereits bestens bekannten Stettiner Bahnhof. »Wir sind gleich zu unserer Mauer gegangen und haben uns wieder an unserem alten Platz niedergelassen.« Ida hatte ein seltsames Gefühl, so als sei sie nach einer Reise wieder nach Hause, zu etwas Altbekanntem zurückgekehrt. Die Bahnhofsruine war ihr vertraut, gegenüber den neu und völlig orientierungslos eintreffenden Flüchtlingen fühlte sie sich überlegen, ihre »Ortskenntnisse« erfüllten sie mit einem gewissen Stolz. Am nächsten Morgen ging sie mit Otto, ihrem Neffen, zur Registrierstelle in der Lehrter Straße. Der Familienrat hatte am Abend zuvor lange diskutiert, welches Reiseziel man dieses Mal angeben sollte. Nürnberg hatte sich als schlechtes Omen erwiesen; als Alternative wurde nun Köln vorgeschlagen. »In Köln wohnte Frau Esser, eine Bekannte. Die Frage war nur: Ist Köln nicht genauso zerbombt wie Berlin? Hat Frau Esser den Krieg überlebt? Steht ihr Haus noch? Würden wir sie finden? – Aber trotzdem, wir wollten versuchen, nach Köln zu kommen.«

In den letzten Tagen hatte sich das Wetter weiterhin verschlechtert. Es stürmte nun den ganzen Tag, und immer wieder zogen kräftige Regenschauer über die Ruine des Bahnhofs. Das Leben an der Mauer war nun unerträglich, ja lebensbedrohlich. Aufwärmen konnten sich die Flüchtlinge nur in jener kleinen, ständig überfüllten Gaststätte in dem Kellergewölbe, wo die Rübenblättersuppe ausgeteilt wurde. Oben auf dem Bahnhof froren die Menschen. Die Decken waren klamm, vom Boden stieg kalte Feuchtigkeit auf, die Nachtluft war frostig. Es war nur eine Frage der Zeit, bis man sich hier eine Lungenentzündung zuziehen würde. Dahlkes hofften, dass ihnen nun endlich ein Platz in einem der Lager zugewiesen würde. Noch einmal schilderten sie in der Registratur in der Lehrter Straße ihre prekäre Lage. Doch die Antwort blieb negativ. Die Lager seien überfüllt, es ließe sich nichts machen. Die Beamten wollten aber ihr Möglichstes tun, Dahlkes bei der Weiterleitung bevorzugt zu behandeln. Und tatsächlich, schon am nächsten Tag erhielt die Familie eine Zuweisung für das mecklenburgische Demmin. Den Plan, nach Köln zu reisen, mussten Dahlkes, wie zuvor schon die Absicht, im Fränkischen bei Nürnberg heimisch zu werden, aufgeben, was der Familie angesichts des Wetters allerdings nicht besonders schwer fiel.

Noch am gleichen Tag verließ der Zug Berlin Richtung Norden. Es war ein normaler Personenzug, für den Dahlkes eine neue Reisebescheinigung nach Demmin erhalten hatten. Nach den Anordnungen der Zentralverwaltung für deutsche Umsiedler war ein solcher individueller Weitertransport seit Anfang Oktober ja eigentlich untersagt. Aber welcher Sachbearbeiter, und wäre er noch so penibel gewesen, hätte angesichts einer Notsituation wie die der Familie Dahlke nur nach Vorschriften gehandelt?

Über Neustrelitz, von wo Dahlkes zuletzt gekommen waren, fuhr der Zug gut sechzig Kilometer weiter in die Provinzstadt Demmin. »Wir wurden von einigen Herren, die wohl vom Gemeindeamt waren – sie trugen jedenfalls keine Uniformen –, am Bahnhof abgeholt und zum ehemaligen Pferdestall der dortigen Kaserne gebracht. Der Stall war vom Kasernengelände, in dem sich die Rote Armee einquartiert hatte, getrennt. Der Boden war mit einer dicken Strohschicht bedeckt, aber wir spürten doch das ›Bonbonpflaster‹, die runden Pflastersteine darunter. Eine gute Woche lebten wir dort.« Nachdem die behördliche Delegation ihre Schützlinge zum Stall geführt hatte, verschwand sie auf Nimmerwiedersehen. Kein Wörtchen hatten die Herren darüber verloren, wie oder ob überhaupt die Dahlkes versorgt würden.

Der Stall war kein reines Flüchtlingslager. Gut hundert Personen hausten in ihm, vor allem heimkehrende Wehrmachtssoldaten, die sich auf der Durchreise befanden. Es war ein ständiges Kommen und Gehen. Die Dahlkes blieben völlig sich selbst und ihrem Einfallsreichtum überlassen. Die Behörden vertrauten offensichtlich darauf, dass sich die Flüchtlinge schon irgendwie durchschlagen würden. Und das taten sie auch. Schnell fanden Dahlkes heraus, dass am Demminer Güterbahnhof Versorgungszüge be-, ent- und umgeladen wurden. Dabei fielen immer einige Karotten, Kohlköpfe oder Kartoffeln auf die Gleise. Ida saß nun mit anderen Frauen aus dem Stalllager auf dem Bahnhofsgelände herum und wartete auf die Gelegenheit, ein paar Lebensmittel zu ergattern. Außerdem gab es in der Nähe des Stalles noch einen Gemüsehändler, der vor allem Mohrrüben verkaufte. Wie viele andere Ausgewiesene besaßen auch Dahlkes noch relativ viel Geld. Sie hatten es vor der Ausreise aus Polen in flache Bauchgürtel eingenäht und so über die Grenze gebracht. In Berlin hatten sie davon nur wenig für die Rübenblättersuppe ausgegeben; den Schwarzmarkt hatten sie nie aufgesucht, denn dazu waren sie zu ängstlich gewesen. In Demmin gab es nun eine sinnvolle Verwendung für ihre Reichsmark.

Dahlkes waren einigermaßen zufrieden. Sie wussten sich Essen zu besorgen und hatten ein Dach über dem Kopf. Fürs Erste war das genug. Nach ein paar Tagen wurde allerdings die Frage immer drängender, wie es denn nun weitergehen sollte. Bei der Ankunft in Demmin hatte es nur lapidar geheißen, die Umsiedler würden auf die Dörfer verteilt. Doch seither hatten sich die Leute vom Amt nicht wieder blicken lassen. »Nach einer Woche erhielten wir dann aber ganz überraschend eine Einweisung ins nahe gelegene Altentreptow. Mit ungefähr 200 anderen Vertriebenen, die am Bahnhof zusammengekommen waren, bestiegen wir einen Zug, der aus vier Viehwaggons bestand. Die Fahrt war zum Glück nur kurz. Doch am Bahnhof in Altentreptow kam niemand, um uns abzuholen. Wir warteten und warteten. Aber nichts geschah.«

Nach einer Weile forderte der Zugführer die Männer auf, Holz für die Feuerung der Lokomotive klein zu hacken und ihren Kessel mit Wasser aufzufüllen. Das Holz wurde im Bahnhofsgebäude gelagert, das Wasser musste mit Eimern von einer Pumpe herangeschleppt werden. Das Ganze hatte den Charakter einer Beschäftigungstherapie. »Der Zugführer hatte wohl Angst, dass jemand rebellisch werden könnte, und versuchte, die Leute mit irgendwelchen Aufgaben abzulenken. Aber uns fehlten ohnehin jeder Mut und jede Kraft zum Protestieren.« Als sich nach gut zwei Stunden Wartezeit immer noch niemand blicken ließ, der sich der Flüchtlinge annehmen wollte, beschloss der Zugführer, die hilflosen Menschen zurück nach Demmin zu bringen.

Wieder lebten Dahlkes im Pferdestall der alten Kaserne. Zwei Wochen lang. Dann erhielten sie eine neue Einweisung in das kleine, neun Kilometer von Demmin entfernte Örtchen Glendelin. Doch der Misserfolg in Altentreptow hatte Ida und ihre Familie skeptisch gemacht. Sie hatten keine Lust, ein zweites Mal mit Sack und Pack für nichts und wieder nichts loszuziehen. So beschlossen Ida, ihre Schwester Anna und deren Sohn Otto einen Tag vor der offiziellen Übersiedlung nach Glendelin zu wandern, um beim dortigen Ortsvorsteher vorzusprechen. Der versicherte ihnen, dass sie auf einem Bauernhof Quartier beziehen könnten und man sie dort am nächsten Tag erwarte. Sie erhielten die Anschrift ihrer neuen Bleibe und eine genaue Wegbeschreibung.

So trat denn die Familie am nächsten Tag den Marsch zu ihrem neuen Quartier an. Der Hofbesitzer nahm sie freundlich in Empfang. Ob er seinen Wohnraum freiwillig zur Verfügung gestellt hatte oder aufgrund einer behördlichen Anweisung – er gab sich jedenfalls große Mühe, den Neuankömmlingen das Gefühl zu geben, willkommen zu sein. »Wir bekamen ein großes Zimmer mit einem schönen Kachelofen. Leider stellte sich dann im Winter heraus, dass in diesen Kachelofen hinein ein einfacher Kanonenofen eingebaut war. So dauerte es doppelt so lange, bis er richtig warm wurde. Aber insgesamt hatten wir riesiges Glück. Bauer Schnell, bei dem wir nun lebten, war ein wirklich netter älterer Herr, der sich rührend um uns kümmerte. ›Ich kann euch nichts anbieten‹, hatte er bei unserer Ankunft gesagt, ›aber im Keller lagern Kartoffeln, davon könnt ihr euch immer welche nehmen.‹ Er konnte sich wohl nicht richtig vorstellen, was dieses Angebot für uns bedeutete.« Aus einigen ungehobelten Brettern, die auf dem Hof herumlagen, zimmerte Herr Schnell ein paar Bettkisten und eine Bank zusammen, einen Tisch hatte er noch übrig. Die Betten wurden mit Stroh aufgefüllt, so ließ es sich leben. Außerdem erhielten Dahlkes zum ersten Mal seit der Ausweisung aus Polen Lebensmittelmarken.

Doch es dauerte lange, bis die Familie im Dorf voll akzeptiert wurde. Immer wieder kam es vor, dass Dahlkes als »unnütze Brotfresser« diffamiert, als asoziale Elemente geächtet wurden. »Erst als wir im November 1947 Care-Pakete von meiner Schwester aus Amerika erhielten, waren wir plötzlich bei allen beliebt. Sie schickte uns nämlich schwarzen Kaffee, was sich irgendwie rumsprach. Und nun kamen alle und wollten ein bisschen abhaben.« Zum ersten Mal seit der Flucht fühlte Ida sich reich. Sie tauschte den Kaffee gegen Butter, Gemüse und Reichsmark, es war der Beginn eines neuen Lebens in bescheidenem Wohlstand.

Kurt Tarrach, der für drei gespenstische Tage in einem Bunker in Berlin-Mitte untergebracht war, musste noch längere Zeit warten, bis er sein Flüchtlingsdasein hinter sich lassen konnte. Noch bis zum Frühjahr 1949 lebte er in Behelfsunterkünften für Heimatvertriebene. »Von Berlin sind wir nach Güstrow in Mecklenburg gebracht worden. Dort wurde wir in einem alten Kuhstall untergebracht. Sechs Wochen blieben wir dort; dann wurden wir bei einem Bauern einquartiert. Dieser Landwirt hatte eine Zwangseinweisung erhalten; er musste uns also aufnehmen, ob es ihm passte oder nicht. Auf seinem Hof teilten wir uns ein größeres Zimmer mit einer anderen Familie, zusammen waren wir acht Personen. Der Hausbesitzer machte uns bei jeder Gelegenheit deutlich, wie unlieb wir ihm waren.« Nicht nur das mürrische Verhalten des Landwirts machten das Leben im Mecklenburgischen schwer. Wie Ida Dahlke musste auch Kurt Tarrach immer wieder Spott und Hohn ertragen. »Was wollt ihr denn hier? Geht wieder nach Hause« oder »Bedankt Euch bei Hitler« – mit derlei Kommentaren reagierten diejenigen, denen der Krieg ihre Heimat und ihren Besitz gelassen hatte, nicht selten auf das Unglück der Vertriebenen.

Drei Jahre lebten Kurt, seine Geschwister und seine Mutter in Güstrow, dann erst hatten sie Verwandte in Dortmund ausgemacht, zu denen sie ziehen wollten. Im April 1949 reisten sie in den Westen; doch Dortmund erreichten sie nie. Die Besatzungsbehörden brachten sie

Viele Flüchtlinge lebten noch jahrelang in Notunterkünften.

wieder in ein Lager. Es war das zentrale Flüchtlingssammellager für die britische Zone in Gießen. Unterbringung und Versorgung waren hier zwar akzeptabel, aber wieder begann eine Zeit der Ungewissheit und des ängstlichen Wartens. Dortmund war überfüllt und nahm keine Flüchtlinge mehr auf. Die britische Militäradministration suchte nun auf eigene Faust nach einem neuen Wohnort für Tarrachs. Zwei Wochen warteten sie auf die Entscheidung, wohin sie kommen würden. Zwei Wochen, in denen es nichts zu tun gab, zwei Wochen voller Nervosität, zwei Wochen, in denen ihnen noch einmal ihre Macht- und Hilflosigkeit bewusst wurde. »Wenn man mich heute fragt, was so ein Lagerleben bedeutet, dann muss ich sagen: für den Menschen ist es das Letzte. Mit der Zeit hörten wir auf zu denken, zu wünschen, zu hoffen. Wir ließen uns wie Tiere herumschieben, hatte unseren Stolz verloren. Wir trauten uns nicht mehr zu sagen ›ich möchte‹, ›ich hätte gern‹ oder ›ich habe ein Recht‹. Für uns galt nur noch eines: Nimm, was man dir hinhält, oder du verreckst. Ein Hundeleben war das. Ich schämte mich.« Kurt Tarrach kam mit seiner Familie schließlich nach Witten; dort lebt er noch heute.

Wie auch immer das Leben der Heimatvertriebenen nach der Abreise aus Berlin verlief, die Weiterleitung war doch der erste Schritt hin zu einer neuen Normalität. Lebten die Vertriebenen oft auch noch lange Zeit in Notunterkünften, wurden sie auch noch lange wegen ihrer Herkunft herabgesetzt, fanden sie auch lange Zeit nur Anstellungen als Gelegenheitsarbeiter – wie schwer auch immer der Neubeginn war, spätestens mit den Potsdamer Beschlüssen stand fest, dass eine Rückkehr in die Heimat nicht mehr möglich war, dass die Zukunft der Ausgewiesenen irgendwo im Rest des Deutschen Reiches liegen musste. Die Weiterleitung in das neue Siedlungsgebiet war und blieb der erste Schritt in diese Zukunft und wurde von allen sehnlichst erwartet.

Neben den organisatorischen Schwierigkeiten gab es aber noch ein weiteres, nicht unerhebliches Problem bei der Weiterleitung: der körperliche Zustand der Ausgewiesenen, insbesondere der Kinder. Im März 1946 schickte der Beobachter des Internationalen Roten Kreuzes einen alarmierenden Bericht in die Schweiz. Unter den Flüchtlingen, die täglich in Berlin einträfen, heißt es darin, befänden sich regelmäßig an die 5.000 Kinder im Alter von null bis vierzehn Jahren. Sie erhielten normalerweise eine Essensration, die knapper bemessen sei als diejenige, die es auf die Lebensmittelkarte V, die so genannte Hungerkarte, gab. Dies sei absolut ungenügend. Der Verfasser schließt seine Ausführungen über die Flüchtlingskinder mit dem erschreckenden Satz: »Durch eine zusätzliche Ernährung würden die Kinder eine große Chance haben, den weiteren Transport lebend zu überstehen.« Das klingt, als sei die Weiterleitung regelmäßig eine Reise in den Tod gewesen. Doch die Formulierung des Schweizer Beobachters dramatisiert. Zwar starben viele Menschen in den Lagern – und natürlich waren es die Schwächsten, also Kinder, Alte und Kranke. Aber die Berliner Flüchtlingsbetreuung war doch nicht so blind, chaotisch oder gar herzlos, dass sie die Menschen ungeachtet ihres gesundheitlichen Zustandes einfach abgeschoben und weitergeleitet hätte. Margitta etwa, die kleine Tochter von Ursula Schulzki hatte man so lange im Krankenhaus Buch behalten, bis die Weiterreise für sie keine Gefahr mehr bedeutete.

Ähnlich erging es auch der kleinen Ulla. Das einjährige Kind war stark unterernährt. Eine längere Reise hätte es höchstwahrscheinlich nicht überlebt. Ulla benötigte dringend eine besondere Fürsorge. Um wieder zu Kräften zu kommen, war sie allerdings nicht in ein Krankenhaus eingeliefert worden, sondern sie lag in einem schönen weichen Bettchen in der Wohnung der Familie Heynold. Heynolds waren weder verwandt mit Ulla, noch waren sie Bekannte ihrer Mutter. Sie hatten das kleine Würmchen auf Zeit adoptiert. Frau Sirakowski, Ullas Mutter, hatte sich mit vier Kindern zu Fuß von Danzig bis nach Berlin durchgeschlagen. Ihr Mann und der älteste Sohn kämpften zuletzt an der Ostfront und galten als vermisst. Auf dem langen und beschwerlichen Weg in die Reichshauptstadt hatte Frau Sirakowski daran gezweifelt, ob sie ihre Jüngste überhaupt durchbringen würde. In Danzig hatte sie noch einen Anzug ihres Mannes und ein Akkordeon gegen ein paar Lebensmittel eintauschen können, für Ulla hatte sie ein Paket Leibnitz-Butterkekse besorgt. Das war alles, was sie für das Kind hatte. Bei der Ankunft in Berlin wog Ulla nur noch neun Pfund – mit einem Jahr kaum mehr als bei der Geburt. Im Lager hatte man Frau Sirakowski geraten, ihr Kind nicht ins Krankenhaus einzuliefern, sondern zu einer Pflegefamilie zu geben. Ulla war nicht krank, sondern einfach abgemagert bis auf die Knochen. Im Krankenhaus oder auf der Krankenstation im Lager hätte sie sich leicht mit Typhus oder Ruhr infizieren können, das hätte in ihrem Zustand den sicheren Tod bedeutet. In einem privaten Haushalt war die Gefahr weitaus geringer.

»An einem Nachmittag im August kam dann Frau Sirakowski mit ihrem Kindchen zu uns. Sie war sehr nervös und wir auch. Beide Seiten waren verlegen; die Situation war irgendwie peinlich. Ulla sah wirklich erbärmlich aus. Beim ersten Anblick erschraken wir. Wir legten sie dann in ihr Bettchen und unterhielten uns noch mit der Mutter über den Krieg und die Ausweisung aus Danzig.« Sigrid Heynold konnte den Gesprächen allerdings kaum folgen. Ihre Gedanken kreisten nur noch um das Kind. Immer wieder lief sie zu dem Bettchen, in dem Ulla schlummerte, und betrachtete sie glücklich. Sigrid war sechzehn Jahre alt und machte eine Ausbildung als Erzieherin. Dass Ulla von der Familie Heynold in Pflege genommen wurde, ging auf ihre Initiative zurück. Auf dem Weg von der Wohnung in der Elberfelderstraße in Moabit zu ihrer

Schule in Niederschönhausen begegnete sie täglich den durch die Stadt ziehenden Flüchtlingstrecks. Sie bedauerte die Menschen, vor allem die Kinder taten ihr Leid. So kam sie auf die Idee, ihrer Mutter vorzuschlagen, ein Flüchtlingskind aufzunehmen. »Meine Mutter, mein zehnjähriger Bruder Jürgen und ich teilten unsere Zweizimmerwohnung noch mit einem ausgebombten Nachbarn; wir waren außerdem auch nicht besonders wohlhabend. Daher war meine Mutter zunächst dagegen gewesen, ein Kind aufzunehmen. Aber ich ließ nicht locker, und schließlich willigte sie ein. Meine Mutter war nicht sehr religiös, aber sie empfand doch eine gewisse Dankbarkeit, dass sie und ihre beiden Kinder den Krieg überlebt hatten und unser Haus nicht von Bomben getroffen worden war. Aus dieser Dankbarkeit heraus wollte sie dann auch etwas Gutes tun.«

Doch so leicht war es nicht, wohltätig zu sein. Frau Heynold ging zum Fürsorgeamt und bot an, ein Flüchtlingskind aufzunehmen. Aber die Beamten lehnten ihr Angebot ab. Als Pflegemutter sollte sie eine besondere finanzielle Sicherheit nachweisen. Sigrid war empört und erzählte die Geschichte in der Nachbarschaft. Der Obmann ihrer Hausgemeinschaft, ein Mann, der einigen Einfluss besaß, teilte Sigrids Erregung und versprach, sich der Sache anzunehmen. Und in der Tat erhielt Frau Heynold nur wenige Tage später vom Fürsorgeamt die Nachricht, man wolle gerne ein pflegebedürftiges Kleinkind in ihre Obhut geben. So kam Ulla Anfang August in die Elberfelderstraße 12, und die Dame vom Fürsorgeamt, die Ullas Mutter bei der Übergabe des Kindes begleitete, fand nichts auszusetzen an den Verhältnissen, in denen es vorübergehend leben sollte.

Auch Ullas Mutter vertraute der Familie Heynold. Sie wollte so bald es ging mit ihren übrigen Kindern weiterreisen, um irgendwo, wo immer man ihr einen neuen Wohnort zuwies, ein neues Leben zu beginnen. Sobald sie wieder auf eigenen Füßen stünde und den Lebensunterhalt für sich und ihre Kinder aufbringen könne, wollte sie ihre kleine Tochter zu sich zurückholen. »Als sie sich von Ulla verabschiedete, war sie aber wohl im Zweifel, ob es nicht doch ein Abschied für immer sein würde. Es ging uns allen ans Herz, als sie ihr Kind zum letzten Mal auf den Arm nahm und sein Köpfchen an ihre Wange drückte.«

Sigrid ließ es an nichts fehlen, um eine perfekte Ersatzmutter zu sein.

Sie führte ein Kindertagebuch, in dem sie Gewicht, Wachstum und besondere Vorkommnisse eintrug. Mit einer Klassenkameradin, deren Familie ebenfalls ein Kind aufgenommen hatte, führte sie typische Muttergespräche. »Wir absolvierten ja gerade unsere Ausbildung zur Kindererzieherin, und da hatten wir nun neben der Theorie in der Schule auch unsere tägliche Praxis. Wenn meine Mutter und mein Bruder zum Hamstern raus aus Berlin fuhren, konnte ich Ulla auch zur Schule mitnehmen. Die Rektorin akzeptierte das und passte zeitweilig sogar auf die Kleine auf. Es war eine sehr schöne Zeit, ich entwickelte richtigen Mutterstolz.«

Umso mehr erschrak Sigrid, als Ullas Mutter im November nach Berlin kam, um ihre Tochter zu sich zu holen. Sie lebte inzwischen in dem kleinen Örtchen Steimke bei Salzwedel und wollte den Heynolds die Versorgung ihres Kindes nicht länger zumuten. Als sie aber sah, wie gut es Ulla bei ihrer Pflegefamilie ging, wurde sie unsicher. Sie konnte ihrem Kind unmöglich den gleichen Lebensstandard bieten wie die Heynolds. Wie Ida Dahlke blieb Frau Sirakowski in ihrer neuen Heimat noch lange eine Fremde. Wie andere Flüchtlinge auch wurde sie eher geduldet als wirklich akzeptiert. Die Zukunft schien wenig rosig. In der Elberfelderstraße 12 würde Ulla es besser haben, so viel stand fest. Und da Sigrid und ihre Mutter nicht darauf drängten, Ulla loszuwerden, reiste Frau Sirakowski schweren Herzens ohne ihre Tochter wieder ab.

Mit der Zeit erwogen Heynolds, Ulla ganz zu adoptierten. Im Winter 1946 war das kleine Mädchen gut eineinhalb Jahre in Berlin. Inzwischen hatte sie sprechen gelernt, und wer sie nach ihrem Namen fragte, bekam »Ulla Heynold« zur Antwort. Der kleine Blondschopf aus Danzig war auf dem besten Weg, eine Berlinerin zu werden. Möglicherweise dachte auch Frau Sirakowski daran, ihr Kind zur Adoption freizugeben. Als sie im Juli zu Besuch gekommen war, um den zweiten Geburtstag ihrer Tochter zu feiern, hatte sie jedenfalls nicht davon gesprochen, Ulla bald wieder zu sich nehmen zu wollen. Doch Sigrids heimliche Hoffnungen wurden abrupt beendet, als Ende Februar 1947 Sigrids Vater schwerkrank und pflegebedürftig aus russischer Kriegsgefangenschaft zurückkehrte. Seine Versorgung würde viel Zeit und Kraft in Anspruch nehmen. Heynolds schrieben nun an Ullas Mutter und baten sie, das Kind zu holen. Es fiel der Familie nicht leicht, und besonders

Sigrid und ihr Bruder Jürgen waren sehr traurig, ihr kleines »Schwesterchen« wieder zu verlieren. Am 21. Mai brachten Sigrid und ihre Mutter Frau Sirakowski, die kurz zuvor in Berlin eingetroffen war, zum immer noch in Trümmern liegenden Lehrter Bahnhof. Um 15 Uhr 04 verließ der Zug mit der kleinen Ulla Berlin. So wurde das Mädchen fast zwei Jahre nach seiner Ankunft in der Reichshauptstadt »weitergeleitet«. Ulla verbrachte ihre Kindheit fortan in Steimke; später lebte sie in der Nähe von Andernach am Rhein. Sigrid besuchte sie noch mehrmals, doch 1949 brach der Kontakt ab. Seither hat sie ihr Ziehkind nicht mehr gesehen.

Werner Pflughaupt, der kleine Junge aus Böhmen, wurde im Laufe der Jahre dagegen ein waschechter Berliner. Als er im Frühjahr 1945 im Auffanglager im Töpchiner Weg in Lichtenrade Aufnahme fand, war die Reichshauptstadt zunächst nur eines für ihn: der erste Ort, wo man ihn und seine Familie nicht fortjagte, verachtete, loswerden wollte, der erste Ort, wo ihm geholfen wurde. Hier wollte die Familie bleiben, bei ihrer Tante in der Linienstraße. Nach der Ankunft in Lichtenrade hatten Pflughaupts neuen Mut gefasst. Doch schon auf dem Weg von Marienfelde nach Berlin-Mitte, wo die Tante lebte, dämmerte es Werner und seiner Familie, dass das Leben in Berlin zunächst alles andere als paradiesisch sein würde. Gespenstische Ruinen, Militärtrupps der Roten Armee, verschreckte Menschen, die durch die Trümmerstraßen huschten, als würden sie verfolgt – Werner wurde es mit jedem Meter, den er sich Kreuzberg und Mitte, dem Zentrum der Verwüstungen, näherte, mulmiger zumute. Beim Anblick des Gebäudes, in dem seine Tante lebte, verlor er für einen Moment alle Hoffnung. »Es hatte eine Luftmine dort eingeschlagen, die Vorderwand war zu großen Teilen weggesprengt, man konnte in die Wohnungen hineinsehen. Aber wir konnten dort in zwei leerstehenden Zimmern im Hinterhaus unterkommen. In der Wohnung – man musste sie eigentlich als Loch bezeichnen – hatten zuletzt russische Soldaten logiert. In einem alten Holzrahmen hing noch ein Bild von Stalin schief an der Wand. Wir waren froh, eine erste Bleibe gefunden zu haben.« Anfang Juni gab es in Berlin noch keinen offiziellen Einreisestopp für Heimatvertriebene. Zwar bemühten sich die sowjetischen Besatzer von vornherein, den Zustrom an Menschen nach Berlin einzudämmen, der Befehl Nr. 15 wurde aber erst Mitte Juli erlassen. Pflughaupts durften insofern hoffen, auf Dauer in der Reichshauptstadt bleiben zu können. Ihr Flüchtlingsdasein war beendet, doch ihr Leben verbesserte sich noch lange nicht. In den ersten Tagen hauste Werner zusammen mit seinen drei Geschwistern, seiner Mutter, seiner Tante und seiner Großmutter in den zwei Zimmern. Zwar konnten seine Tante und seine Großmutter schon bald andere Räume beziehen, aber Werners Mutter blieb mit ihren Kindern noch bis 1947 in dem »Loch« wohnen. Dann wurde das gesamte Haus wegen Einsturzgefahr geräumt.

Im ersten Nachkriegswinter führten Werner und seine Familie ein erbärmliches Leben. Ein altes, wackliges Kanapee und ein paar selbst gezimmerte Lattenroste, die die Nachbarn besorgt hatten, war alles an Bequemlichkeit in der winzigen Wohnung. Durch das brüchige Gemäuer zog der Frost in die Zimmer. Die Fenster waren mit Sperrholzplatten vernagelt, doch die hielten die Kälte nicht ab. »Oft lagen wir Kinder angezogen in unseren Betten unter der Decke und bekamen Tee mit etwas Alkohol, den es auf Lebensmittelkarte gab. Wir waren immer etwas benebelt, aber so überstanden wir die eisigen Tage in diesem sehr kalten Winter am besten.« Die Lebensmittelmarken erhielt die Familie vom Hausobmann. Doch die Rationen waren minimal; Werners Mutter war arbeitsunfähig und erhielt daher nur die kleinste Zuteilung. Die schönste Zeit des Tages war für Werner der Schulunterricht; wie für viele andere Berliner auch begann die Schulzeit für ihn am 2. Oktober. In der Schule lernte er nun neue Freunde kennen, hier gab es täglich eine Mahlzeit, hier war es wenigstens einigermaßen warm. Die Klassenkameraden interessierten sich für Werners böhmischen Akzent und wollten alles Mögliche über seine Heimat erfahren. Wenn er erzählte, überkam ihn zuweilen etwas Heimweh nach Schluckenau, und er hoffte, eines Tages nach Böhmen zurückzukehren. Aber natürlich schloss er immer festere Freundschaften mit den Jungen aus seiner Schule in der Hirtenstraße, ganz in der Nähe der heutigen Volksbühne am Rosa-Luxemburg-Platz. Mit der Zeit konnte er sich immer weniger vorstellen, Berlin jemals wieder zu verlassen. »Meine Integration verlief sehr schnell. Knapp zwei Jahre nach unserer Vertreibung aus Nordböhmen fühlte ich mich schon als Berliner.«

Bereits mit dem Befehl Nr. 1 von Generaloberst Bersarin vom

27. April waren die Weichen gestellt worden, um die Bevölkerung der zerstörten Reichshauptstadt nicht über die Maßen anwachsen zu lassen. Unter Punkt 8c heißt es dort: »Der Bevölkerung der Stadt ist verboten, ohne Erlaubnis der militärischen Kommandanten irgendwelche Personen ... in den Bestand der Familie zu Wohnungs- und Übernachtungszwecken aufzunehmen.« Von vornherein wollte man die Massen an Heimatvertriebenen und *displaced persons* aus der Stadt fern halten. Wie für alle im Befehl Nr. 1 gegebenen Anordnungen galt auch hier, dass die Einwohner, die das Verbot verletzten, »gemäß des Gesetzes der Kriegszeit zu strenger Verantwortung herangezogen« würden. Dennoch wurde die Anordnung immer wieder umgangen. Wohnungsscheine und Lebensmittelmarken – alles konnte »organisiert« werden, sofern man über die nötigen Beziehungen verfügte.

Hildegard Stryszyk verfügte über sie, immerhin hatte die Rote Armee ihrem Onkel eine Polizistenstelle anvertraut. Schnell besaß sie alle nötigen Papiere, um sich in Berlin ein neues Leben aufzubauen. Wählerisch allerdings durfte sie nicht sein; das konnte sich 1945 niemand erlauben. Über ihren Onkel bekam sie den ersten kleinen Job vermittelt: Aufräumarbeiten in den Büros der DVL, der Deutschen Versuchsanstalt für Luftfahrt auf dem Flugplatz Johannisthal. Die Büros und Forschungswerkstätten der Flugzeugingenieure am Rande des Flugfeldes neben dem S-Bahnhof von Adlershof waren von Bombenangriffen stark beschädigt. »Knapp zwei Wochen lang war ich mit einer Kolonne von Frauen damit beschäftigt, Müll und Schutt fortzuschaffen, zerstreute Papiere zu sammeln, Reste der Möbel wieder aufzustellen, die Böden zu fegen und zu wischen, kurz: aus den verwüsteten Räumen wieder halbwegs nutzbare Arbeitsstätten zu machen. Nach elf Tagen war alles erledigt.« »Notstandsarbeiten« heißt es im Arbeitsbuch. Hildegards Tante wurde zum gleichen Zweck in einem nahe gelegenen Chemiewerk eingesetzt. Die Frauen hatten hier das besondere Glück, große Mengen von beigen Gardinen zu finden und mit nach Hause nehmen zu dürfen. Aus dem Stoff schneiderte Hildegards Tante ein Kleid für ihre Nichte. »Wir nannten es ›Buschkostüm‹.«

Viel Geld bekam Hildegard nicht für ihre »Notstandsarbeit«. Doch in finanzieller Hinsicht konnte sie fürs Erste unbesorgt sein, besaß sie doch aus Polen noch eine schöne Summe Reichsmark. Für immer und

Das Arbeitsbuch von Hildegard Stryszyk.

ewig reichte das Geld natürlich nicht. Hildegard war froh, als sie Ende November eine etwas besser bezahlte Stelle in den Telefonkabelwerken C. J. Vogel in Adlershof fand. Wegen Materialmangel wurde die Fabrik zwar schon kurz nach ihrer Einstellung geschlossen, aber Hildegard hatte Glück und wurde ins Hauptwerk in Köpenick versetzt, wo der Betrieb weitergeführt wurde. An ihrer neuen Arbeitsstelle lernte sie zwei Mädchen kennen, die neben der Arbeit regelmäßig Englischstunden nahmen. Hildegard, die eine Stelle als Bürokraft anstrebte, wollte sich den beiden anschließen. Sie hatte doch genug Geld, um sich eine Weiterbildung zu leisten. Doch es stellte sich heraus, dass die Bezahlung in Zigarettenwährung erfolgen sollte. »Ich hätte also auf den Schwarzmarkt gehen müssen, um Zigaretten zu besorgen. Die Preise dafür waren natürlich sehr hoch. Ich verzichtete also lieber auf den Englischunterricht, denn ich war froh, ein so schönes Zimmer bezahlen zu können. Das wollte ich durch Zigarettenhandel nicht aufs Spiel setzen.«

Fast zwei Jahre arbeitete Hildegard im Kabelwerk, vom November

1945 an täglich acht Stunden. Eine Arbeit, die sie nie mochte. Aber ihr war dennoch immer bewusst, wie gut es ihr vergleichsweise ging. Sie war als einer der ersten Flüchtlinge in die Reichshauptstadt gekommen, und nun stand sie schon mitten in einem neuen Leben, mit regelmäßigem Gehalt, Anspruch auf eine Lebensmittelkarte, einer eigenen Wohnung, neuen Bekannten. Werner Müller, Hildegard Gustmann, Lothar und Horst Baumgart und ihre Familien hausten zu dieser Zeit noch im Lager Kruppstraße, die Dahlkes hatten gerade erst ihre neue Heimat im Kreis Demmin gefunden, Wally Zschaler war in einem polnischen Zwangsarbeiterlager interniert, Ursula Schulzki, ihre Mutter, Minna und die beiden Kinder befanden sich noch auf der Flucht. Für Hildegard Stryszyk war vier Monate nach der Ankunft auf dem Stettiner Bahnhof das Flüchtlingsdasein Vergangenheit. Berlin war für sie zu dem geworden, was sich wohl alle Flüchtlinge von der Reichshauptstadt versprochen hatten: das Ende des Unterwegsseins, ein Ort der Sicherheit, Ausgangspunkt einer neuen Existenz im Nachkriegsdeutschland. Anfang 1947 fand sie eine Anstellung in dem Farbfilmkopierwerk Sovexportfilm in Köpenick. Drei Jahre später konnte sie dort als Kontoristin arbeiten. Sie hatte ihr Ziel erreicht.

Nicht vielen Heimatvertriebenen erging es so gut wie ihr. Für die meisten war Berlin nur eine Durchgangsstation. Die erste Volkszählung am 29. Oktober 1946 ergab, dass rund 100.000 Flüchtlinge in Berlin lebten. Das sind nicht übermäßig viele, wenn man bedenkt, dass allein 1945 über eine Million Heimatlose in den Lagern registriert worden waren. Es ist wahrscheinlich, dass die Integration dieser 100.000 Menschen relativ reibungslos verlief. Es waren wohl in erster Linie Personen, die sich wie Hildegard Stryszyk oder Werner Pflughaupt an Verwandte oder gute Bekannte in der Reichshauptstadt wenden konnten, denen von privater Seite so weit wie möglich geholfen wurde, die nicht nur von den schwerfälligen Anstrengungen der Flüchtlingsbehörden abhängig waren. Sie hatten letztendlich Glück im Unglück gehabt.

Literatur- und Quellenverzeichnis

Andreas-Friedrich, Ruth. Schauplatz Berlin. Tagebuchaufzeichnungen 1945 bis 1948. Frankfurt am Main 1984

Archiv des Internationalen Roten Kreuzes in Genf. Akten der Berlin-Delegation 1945 bis 1946. Signatur: ACICR, B G 26/L

Benz, Wolfgang (Hrsg.). Die Vertreibung der Deutschen aus dem Osten. Ursachen, Ereignisse, Folgen. Frankfurt am Main 1995

Burkert, Hans-Norbert. Zerstört, besiegt, befreit. Der Kampf um Berlin bis zur Kapitulation 1945. Berlin 1985

Conradt, Sylvia; Heckmann-Janz, Kirsten. Reichstrümmerstadt. Leben in Berlin 1945–1961. Darmstadt und Neuwied 1987

Eschen, Fritz. Photographien Berlin 1945–1950. Berlin 1989

Fischer, Alexander (Hrsg.). Teheran, Jalta, Potsdam. Die sowjetischen Protokolle von den Kriegskonferenzen der »Großen Drei«. Köln 1968

Grube, Frank; Richter, Gerhard. Flucht und Vertreibung. Deutschland zwischen 1944 und 1947. Hamburg 1980

Höcker, Karla. Beschreibung eines Jahres. Berliner Notizen 1945. Berlin 1984

Italiaander, Rolf u. a. Berlins Stunde Null 1945. Düsseldorf 1979

Landesarchiv Berlin. Akten der Abteilung Ausgewiesene und Heimkehrer, Hauptamt für Sozialwesen beim Magistrat Berlin. Signatur: C Rep. 118, Nr. 47 und 63

Matschenz, Andreas. »Der Onkel da ist dein Vater ...« Die Heimkehr der Kriegsgefangenen nach Berlin bis 1948. In: Kaminsky, Annette (Hrsg.). Heimkehr 1948. München 1998

Ranke, Winfried u. a. Kultur, Pajoks und Care-Pakete. Eine Berliner Chronik 1945–1949. Berlin 1990

Rürup, Reinhard (Hrsg.). Berlin 1945. Eine Dokumentation. Berlin 1995

Schieder, Theodor (Hrsg.). Dokumentation der Vertreibung der Deutschen aus Ost-Mitteleuropa. Bonn 1956 ff.

Senat von Berlin. Kampf um Freiheit und Selbstverwaltung. Berlin-Chronik 1945–46. Berlin 1961

Streibel, Robert (Hrsg.). Flucht und Vertreibung. Zwischen Aufrechnung und Verdrängung. Wien 1994

Vogelsang, Thilo. Das geteilte Deutschland. dtv-Weltgeschichte des 20. Jahrhunderts, Band 11. München 1966

Zayas, Alfred M., de. Anmerkungen zur Vertreibung der Deutschen aus dem Osten. Stuttgart 1986

Zayas, Alfred M., de. Die Anglo-Amerikaner und die Vertreibung der Deutschen. Vorgeschichte, Verlauf, Folgen. München 1977

Bildnachweis

Berlin 1945. Eine Dokumentation, Seite: 18, 38, 95, 112
Deutsches Historisches Museum, Seite: 37, 52, 100
Eschen, Fritz, Berlin 1945–50, Seite: 25, 45
Flucht und Vertreibung. Deutschland zwischen 1944 und 1947, Seite: 8, 126, 131, 144
Landesarchiv Berlin, Seite: 12, 22, 55, 65, 77, 82, 97, 107, 117, 123
Müller, Werner (Privatbesitz), Seite: 59, 134
Schulzki, Ursula (Privatbesitz), Seite: 70
Stryszyk, Hildegard (Privatbesitz), Seite: 152
Ullstein Bilderdienst, Seite: 73

Danksagung

Dieses Buch wäre ohne die Bereitschaft der Zeitzeugen, von ihren Erlebnissen zu berichten, und ohne ihre Erlaubnis, die Interviews, die zunächst für eine Fernsehdokumentation des Senders Freies Berlin geführt wurden, abdrucken zu dürfen, nicht entstanden. Dafür möchte ich ihnen herzlich danken.

Hans von Brescius, Redakteur in der Abteilung für Kultur und Zeitgeschichte des Senders Freies Berlin, vertraute mir eine Dokumentation über Flüchtlinge und Vertriebene in Berlin 1945 an. Ohne seine Initiative wäre das Thema zum jetzigen Zeitpunkt nicht bearbeitet worden. Erste wichtige Hinweise zur Quellenlage gab mir Andreas Matschenz vom Landesarchiv Berlin. Hermann Dernbecher und Günther Schreiber vom Kamerateam des Senders Freies Berlin sorgten bei den Dreharbeiten und Interviews für die Fernsehdokumentation für eine ruhige und konzentrierte Atmosphäre. Ihnen allen sei an dieser Stelle herzlich gedankt.

Mein besonderer Dank gilt Uta Rüenauver, ohne deren Mithilfe und Beratung das Buch so niemals entstanden wäre.

Berlin, im Juni 2001 *Rajan Autze*

Der Quadriga Verlag ist ein Unternehmen der
Econ Ullstein List Verlag GmbH & Co. KG

© 2001 by Econ Ullstein List Verlag GmbH & Co. KG, München
Alle Rechte vorbehalten

Lektorat: Uta Rüenauver, Berlin
Umschlaggestaltung: Büro Jorge Schmidt
Unter Verwendung eines Fotos vom Landesarchiv Berlin
Satz und Lithos: LVD GmbH, Berlin
Druck und Bindung: Franz Spiegel Buch GmbH, Ulm-Jungingen
Gesetzt aus der Janson

Printed in Germany 2001
3-88679-351-6